鲸落之语

钱穆讲学札记

钱穆 讲述

叶龙 编著

台海出版社

北京市版权局著作合同登记号：图字 01-2022-5147

本著作物经北京时代墨客文化传媒有限公司代理，由商务印书馆（香港）有限公司独家授权联合读创（北京）文化传媒有限公司，在中国大陆出版、发行中文简体字版本。

图书在版编目（CIP）数据

鲸落之语：钱穆讲学札记 / 叶龙编著 . -- 北京：
台海出版社 , 2022.12
ISBN 978-7-5168-3432-9

Ⅰ . ①鲸… Ⅱ . ①叶… Ⅲ . ①钱穆（1895-1990）-
教育思想 - 文集 Ⅳ . ① G40-092.7

中国版本图书馆 CIP 数据核字 (2022) 第 207419 号

鲸落之语：钱穆讲学札记

著　者：叶 龙 编著

出版人：蔡 旭　　　　　　　　封面设计：陈威伸
责任编辑：戴 晨　　　　　　　策划编辑：魏 傕 绿香蕉

出版发行：台海出版社
地　址：北京市东城区景山东街 20 号　邮政编码：100009
电　话：010-64041652（发行、邮购）
传　真：010-84045799（总编室）
网　址：www.taimeng.org.cn/thcbs/default.htm
E-mail：thcbs@126.com

经　销：全国各地新华书店
印　刷：三河市信达兴印刷有限公司
本书如有破损、缺页、装订错误，请与本社联系调换

开　本：880 毫米 ×1230 毫米　　　1/32
字　数：254 千字　　　　　　　　印　张：11.75
版　次：2022 年 12 月第 1 版　　　印　次：2022 年 12 月第 1 次印刷
书　号：ISBN 978-7-5168-3432-9

定　价：68.00 元

自序一
从听钱穆老师讲课说起

在新亚最初的四年中，从一九五三年秋季入学始，四年八个学期，我每年总会选读钱穆宾四师的一至两门课。我获发一本足够用四年以上的学生证，每一学期要在修习课程表上填妥所选修的课程、学分与周时，并由担任教授签名。我在头两年四个学期都请钱师签了名，第三年起由于偷懒，没有再请教授签名。但这"修课表"已成为饶有意义的历史文献，因为有钱穆老师的亲笔签名达七次之多，实在弥足珍贵。数月前，我整理旧书和文稿，偶然发现我的"修课表"，第一年选了钱师的"中国经济史"和"中国通史"，第二年是钱师的"中国文化史"，第三年是钱师的"庄子"和"中国文学史"，第四年是钱师的"中国社会经济史"。研究所时，钱师开的"韩（愈）文"及"诗经"是全体研究生必修的。我在大学部选修钱师的六门课都有详尽的笔记。

可幸的是，在一九九一年时，我把钱师所讲"中国经济史"及"中国社会经济史"整理汇编成《中国经济史》。《信报》创办人林行止先生认为既然尚未发表，便有发表价值，于是在《信报》辟一"钱穆讲中国经济史"专栏，自一九九一年八月十四日刊出首篇，题为《国学大师钱穆讲中国经济史》，这题目还是林行止先生拟的。下署"叶龙笔录"，直至一九九三年一月五日全稿刊完。至于最后一章《中国的水利问题》，则刊载于一九九一年八月的《信报月刊》。《中国水利》一文，一九九二年十月政协无锡县文史资料委员会出版的《乡思集》亦予以转载。后来壹出版的周淑屏经理认为值得将此专栏刊印成书，遂成《中国经济史》上、下册，蒙林行止先生慨允出版此专书，不久销售一空，可惜未见再版[1]，以致缺售十余年至今。

由于我闲时翻阅钱穆老师历年来的讲课笔记，发觉笔记稿本中，钱师偶有谈及讲题以外的插叙，有时加插几句与主题无直接关系的独白，有时则插叙一段钱师多年来总结一个学术问题的结论，有的则是告诉我们如何做学问或如何做人。觉得如果把这些题外插叙一条一条地抽录出来，整理编写，最后再请宾四师删改润饰，编印成一本《钱穆先生讲学粹语》，那将启发我们后学，读之得益必宏。于是我在二十世纪七十年代某日写信给钱师，讲出上述一番计划。钱师首先回信答复的大意是：

> 整理笔录往年讲课的札记固是佳事，但年湮代远，恐记忆不清，仅凭当时笔记，恐难整理。若时将笔记玩看，或可有益；若谋成书出版，此非易事。或便中就自己认为较有把握者，先搜索整理出两三则寄来一阅，再论其是否值得继续写下，如此庶不致浪费笔墨也。[2]

钱师此函之意，谓：抽摘笔记恐不易臻于完美，不妨先

1.编按：二〇一三年一月由商务印书馆再版，书名为《钱穆讲中国经济史》。
2.拆此航空信时，因纸薄大意撕去两角，已无法寻得，所幸仍不失大意。

试写数则寄阅，如值得才继续再写。写到此不妨谈一则逸事。此函之末，钱师有两行字责备我，道：

> 不知穆之通讯地址，何不一询他人，岂有即写台北即可投递之理。可见弟之处事仍有毛病，可以推之也。

笔者受钱师之责备，十分有理。可是，钱师有所不知。此前，我住九龙美孚新村时，"贪得意"试写一函。信封面只写"九龙叶龙收"，邮差先生竟然准确无误地把信送到我的美孚住所。一个不知名的小人物，竟然可收到无详址的信，何况是钱师，堂堂一位国学大师，如果台北邮差先生投寄不到，那岂不是太弱智了？（一笑）

言归正传，我便搜索钱师历年讲课笔记本，用两张没有格子的道林纸，精心摘录整理了多条寄奉钱师审阅过目，看看是否能通过老师的慧眼道心。来函道：

> 吾弟十五日来书已到，所记多条已逐条改易数字，试细玩之，自可知写短篇札记亦殊不易。盼细加寻索，此后若络续写来，当为络续改正。

整理钱师讲学札记，终于得老师允诺，可继续用心寻索摘录，寄奉钱师改正，约有十数通之多。钱师其中一函云：

> 归后得弟书，关于前寄笔记稿，久已改过，而忘未付邮，今不知放何处，俟检出即当寄回，勿念。

老师在百忙中仍不忘络续改正笔者寄去的讲学札记，十分难得，可见老师的重视。记得老师一九六四年新亚辞职后，他并未拿过新亚加入香港中文大学后的优厚薪金。但他辞职时坚拒以申请退休方式取得一笔可观的退休金，坚持以辞职方式离开新亚，不带走一分一毫，这种读书人的硬骨头精神，今日已不多见。钱师辞职后，曾往星马任教一个短时期，当时彼方曾欲以新加坡国立大学高职聘请他，但师以水土不宜、胃部宿疾而返港，最后于一九六七年由港迁台北定居。

钱师定居台北后，经济十分拮据。当时，台北"故宫博物院"蒋复璁院长给他半天作学术研究的一个职位，月薪一万元台币；另一兼职是中国文化大学董事长张其昀晓峰先生请他教导该校文史哲研究所的博、硕士研究生，每周末下午到钱师府上听课一次，每月薪酬同上。可见老师生活的清苦，但老师在百忙中仍抽空改正寄给他的讲学粹语，使我感念师恩，何可忘怀。

至于复函中提及的"此次得获晤面，见弟神色尚佳，不为遏逆所摧折，深以为喜。盼自求进益……人事时在变易中，惟贵能自有把握，则目前小小得失，终不足以限弟之前途也"，顺便简单一提，此事指一九六六年，新亚成为香港中文大学一员时，李卓敏校长爱护新亚研究所毕业旧生，准许重读一年，修几门课，写一篇论文，通过后可获中大之硕士学位，以方便就业。因先前新亚大学部及研究所毕业的均是非英联邦承认的学位。此时哲学系唐君毅主任外游，由谢幼伟[1]教授全权代理系主任，并为我拟定《孟子哲学及其文学》之论文题目。半年后，我的论文已完成，所修英文及数门哲学

1.谢幼伟：原为新亚哲学系教授。唐君毅教授于一九六五至六六年间度假时，由谢氏兼代理系主任。谢氏专长于中西哲学，于二战前已甚有名。

课程亦修读了一半，但唐教授回港后取回谢教授之职务，并无同意我之重修硕士。幸而钱师多次函请罗慷烈[1]师及港大马蒙[2]系主任，又得岭南书院黄丽文院长之助，终于完成了香港大学硕士和博士学位。但最应感谢的是钱师和慷烈师，也得感谢何沛雄[3]教授和马蒙主任及黄丽文院长。

再谈到钱师的讲学笔记，我曾函请钱师题为"讲学粹语"四字，以便将来出专书时作封面之用。但钱师复函云：

> 弟若寄笔记来，仍当代为过目删正。至于题笺，不欲下笔，其意乞谅。

不愿称为"讲学粹语"，这是钱师为人之谦虚美德，在他心中，如将来能成书，只称"讲学札记"便可。月前我认识一位美国朋友，其父祁士德博士（Dr.Melvin Kieschnick）一九五七年时担任协同中学校长，曾亲自来九龙农圃道新亚书院邀请我到协同任教，今其哲嗣柯嘉豪[4]先生受邀来港任教于香港理工大学文化系。他是斯坦福大学博士，曾任职台北"中央研究院"历史语言研究所研究员达八年，说得一口流利的国语。他研究中国佛学史，早就听闻钱师的大名。当年我约他午膳，谈及如果有书店愿为钱师出版讲课中所摘录的笔

---

1. 罗慷烈：罗教授新中国成立前与钱穆师同任教于广州王淑陶校长创办的华侨大学，一九四九年同来香港。罗师先在香港培正中学、罗富国师范学院任教，后任香港大学中文系教授直至退休。

2. 马蒙：时任港大中文系系主任，颇得黄丽松校长之器重。马主任退休之年得以延聘任教五年。马主任曾慨叹得不偿失，盖五年后之楼价大升逾倍也。

3. 何沛雄：毕业于培正中学后再入读港大，三十岁并获英国剑桥大学博士，再回母校中文系任教，升至教授。二○一三年病逝前担任珠海文史研究所所长及文史系系主任。

4. 柯嘉豪：于二○一一年初任教于香港理工大学中国文化学系，不久返美出任斯坦福大学讲座教授矣。

记成专书的话，他毫不犹豫地答道："应该名为《钱穆先生讲学粹语》才对。"他还说，"此书如出版，对后学必有启发，将来为中国学术必有贡献也。"

钱师虽然不欲以"讲学粹语"之名出书，但其中有一函曾亲笔写及此四字。不幸钱师八十四岁时病目，十分惋惜，此后他老人家已不能再删正我的笔录稿，但所幸钱师留下的数百条宝贵粹语，已足够为后来者学习研究提供莫大的启发。

叶龙

一九九五年成稿

二〇一三年三月二十三日订正稿

一九五七年钱师（左一）颁发大学毕业证书予叶龙。

叶龙在新亚书院之学生证，修习课程表上有钱穆及其他教授之签名。

自序二
讲学粹语富有学术文化价值[1]

    笔者入读香港新亚书院及新亚研究所时，受业于钱宾四师，逢有先生之堂上讲课及学术讲演，必详做笔记。爰将一九五三年至一九六二年间，凡钱师所讲，有语意精辟者，每次整理一二十条，于二十世纪七十年代，誊正后寄呈钱师删削斧正，或添加三两句，或增减一二字，有整条删去不用者，亦有多条一字不改者。约有百余条。暇时捧读，觉对学习文史，甚有得益，且启发亦大。遂于钱师在一九九〇年八月三十日病逝后，商请师母胡美琦女士允诺后，稿送台北梅新先生，亦认为此讲学札记极具价值，并同意以"钱穆老师讲学粹语"为题，遂自同年十月某日起，排日刊载于台北《中央日报》"中副"版。

    钱师生前致笔者之手札中，亦曾同意未来寻索札记积累日多时，或可出书成册，以供后辈青年学习参考之用。正如钱师所云："此类札记，如赵翼[2]《廿二史札记》，于后人极有用。"老师生前亦有意作《新廿五史札记》，或《宋史札记》《明史札记》等。惜笔者当年未听钱师所讲秦汉史，师亦未开

1.编者注：本文有删节。
2.赵翼：清阳湖人，乾隆进士，精史学，其诗与袁枚齐名。著有《廿二史札记》《陔余丛考》等。

宋史或明史等，不然必可寻索得甚多札记。今自老师讲学粹语所采集整理成文者，自不限于一史或众史，乃包罗经史子集各类，已成范围更广思路更阔之经史子集讲学札记。然钱师生前不愿为书名题笺者，乃纯出于自谦。然吾屡读老师札记，觉字字珠玑，极富学术文化价值，予以公之于世，以便后学参考，定名为《钱穆讲学粹语录》，当属名实相符也。

今将钱师亲笔删改"讲学粹语"刊于卷首，从钱师所删改的文句，亦可知钱师如何改文章，有助吾辈作文。寄送给钱师的粹语二十二页纸，共一百一十余条。其中一字不改者有二十五条，只改一或二字者计有十六条，两者相加得四十一条，尚不及一半。正如钱师所云，写作札记虽短，然亦非易事也。以上全卷为师删去十一条，今顺次抄列于下：

某日余在台北购得陆贾[1]《新语》，穷一晚一晨之力读毕此书，觉书内问题颇复杂。书中并提及公羊与谷梁。余疑公、谷二书必有所自。其始绝非汉人凭空捏造，且思如有谷梁，必当在公羊之前。

陆贾《新语》是否可靠，颇待考证。余读此书时，随手有札记，觉其书甚为可靠；如欲为文发表，则问题颇多，牵涉颇广。

手指有长短，文章有高下。

如撇开《明夷待访录》不谈，则章实斋"六经皆

1.陆贾：汉代楚人，有辩才，奉汉高祖命著汉兴秦亡之故，成《新语》十二篇。

史"说不能血脉相通。盖实斋此说，乃根源于《明夷待访录》。

余尝劝青年，当先读《曾文正公家书》《曾文正公家训》，及其所编之《十八家诗钞》。

余甚爱好宋明理学，喜朱子，亦喜阳明；所抱憾者，厥为彼等均主力争孔孟道统一点，盖学孔孟者，均为孔孟门徒，自不必斤斤于门户之见也。

学朱子者，未必十年能成；学陆王则更恍惚不易摸捉。余意学阳明可先读黄黎洲书，学象山当先读李穆堂书，当不失为一可行路径。为学可有宗主，惟不可有门户。

宋史、明史、清史等正史均不甚佳，当重写。

李叔同留学日本，习音乐。回国后，曾在中央大学任教，甚得同学爱戴。后出家为僧，过严肃清苦生活。做大和尚者，因舍弃其舒适之生活，进而过其不舒适之生活，此即宋儒张横渠[1]所云"贫贱忧戚，庸玉汝于成"之谓也。

关于义理之学之文，不能遽下评断，盖义理之学，

1.张横渠：张载，字横渠，宋代知名理学家，其所著《西铭》一文，为民国时代公务员必须背诵之文。

甚难有是非之标准定论故也。

罗近溪一生经历颇奇特，其道理亦自艰困中悟得。

以上十一条，虽钱师亦在课堂讲过，但为钱师删除者，有的固然无甚意义，如"手指有长短"一条便是。又如"李叔同"一条，亦非张横渠所云人当于贫贱中有成，而并非指只限于出家信佛也。又如师云宋、明、清史不甚佳，后之史家尽可重写，但旧史亦不妨并存。此属在下浅见，不过读之仍可得益，如何揣度，随读者自便可也。

不过，可顺笔一提者，乃有关《国史大纲》一条，在下加一按语云："今人东海大学教授徐复观[1]君尝为文自记，某日曾请教黄冈熊十力氏[2]，读史当选何书？熊氏答以古人著可读王船山[3]《读通鉴论》，今人著可读钱穆宾四著《国史大纲》。又西南联大文学院院长某氏，于并时学者少所许可，惟于宾四师《国史大纲》，推赞不绝口，其尊崇可知。"但为师全段删去，盖按语并非札记，体例务必严谨也。

叶龙

二〇一三年四月六日

---

1. 徐复观：曾任蒋中正之少将侍从官，后师事熊十力。
2. 熊十力：曾在北京大学哲学系兼任教授一门"儒学"，时钱穆师为北大历史系专任教授。
3. 王船山：王夫之，清初衡阳人，学者称船山先生。他力辟王阳明良知之说，有《船山遗书》行世。

目录

第一部分

前言

　　钱穆宾四先生自一九四九年于香港创办新亚书院起，直至一九六四年辞职止，历时十五载。其间先生在大学部及研究所所开课程，记忆所及，计有"论语""孟子""诗经""韩（愈）文""中国通史""中国经济史""中国社会经历史""中国文学史""中国文化史""秦汉史""中国思想史""庄子""老子"等十余种；在同时期中先生在校内外所作学术讲演，不可胜数。笔者入读新亚后，每有听讲，均有笔记。先生赴台北定居后，以未能再聆先生教诲为憾。然暇时翻阅先生历年所讲各科笔记，有时反复讽诵，觉其意极富启发性，且多为先生已出版诸著作中所未见者，极具学术上之参考价值。遂思将其语意精辟者摘录成若干条，名之曰《钱穆先生讲学粹语》。

　　一九七二年起，笔者执教于香港岭南书院中国文史系，课务较少，每于课余整理辑录若干条，誊抄达两三页时，辄寄往台北请先生删削斧正。先生虽自谦不欲以"讲学粹语"为书名题笺，然欣然允为删正。先生虽病中亦乐为之改，如是者往来书信凡多通。先生改"讲学粹语"，有时大改，添加三两句者有之；有时小改，仅增删一二字者亦有之；有时整条无一字改动者；亦有整则删去不用者，总共得一百一十余条，乃摘录自先生一九五三年至一九六三年之讲课笔记。然笔者疏懒整理，至一九七八年后，老师病目，此后已不能再为之改正矣。

所辑百多条先生之讲学粹语，本拟于一九七四年五月誊正刊出以庆祝先生八旬寿辰，竟又拖延至今。其意以辑录先生粹语未齐，欲俟赓续整理全部完成后始作刊出。今先生遽归道山，捧诵先生手改遗稿，觉其字字珠玑。先生生前于来函中示意可将是篇公之于世，则先生平日所主张"学术为公"之雅意乐见有日矣，遂将之粗略分成"思想与学术""历史""文学""为学与做人"及"人物"五类，抄寄台北《中央日报》"长河"副刊，蒙主编梅新先生将粹语于一九九〇年十月十六日起逐日刊登完毕。今将历年记述钱穆宾四师之"讲学粹语"汇集整理，连"补遗"一并刊出，以表敬悼先师之遗意。

钱师摄于台北钱府，时值一九九〇年七月三十日。
一个月后逝世，享年九十六岁。

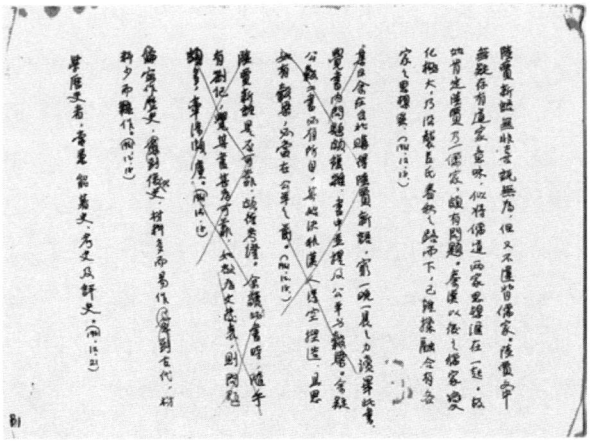

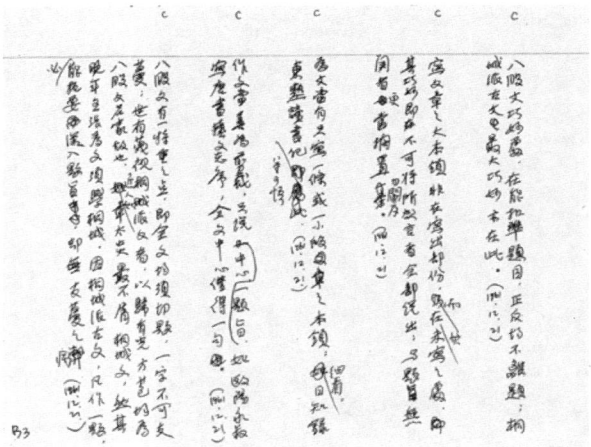

钱穆亲笔改正讲学粹语手稿。

壹
思想方面的粹语

001

欲考《礼记》成书之年代，有一方法，即将《礼
记》拆散，就其四类再告细分，从而定其时代。余意
《礼记》当出于孟荀之后。

———

002

讲义理之学，不可一概避开考据不谈。如姚际恒[1]作《礼记通论》，将《小戴礼记》四十九篇一一找出证据，是其精细处。此即义理与考据并重也。

———

姚际恒：清代仁和人，年少泛览百家，专究经术，五十岁时成《九经通论》，为时人所叹服。今只存《诗经通论》一书。

003

《论语》中所论，并未及人生之起源与归宿、意义与价值。其所论只是针对社会人生，加进一份理想。孔子所希望者，即世间有一部分人，即所谓士者，来担负此理想，孔子为之"士教"，而非宗教主，其不同于释耶者在此。

———

　　陆贾《新语》无非喜说无为，但又不违背儒家。陆贾文中无疑存有道家意味，似将儒道两家思想汇在一起。故如肯定陆贾乃一儒家，颇有问题。秦汉以后之儒家变化极大，乃沿袭《吕氏春秋》之路而下，已杂糅融合有各家之思想。

——

005

近八百年来，学术上有程朱陆王之争，有汉宋之争，而所争均以朱子为中心。陆王反朱子，然并未触及朱子之真面貌；汉学家反宋学反朱，亦未能说出朱子真相。黄黎洲、百家父子及全祖望[1]三人完成《宋元学案》。然黎洲属王学，其讲述朱子便有所偏；全祖望亦偏于陆王，故《宋元学案》乃以陆王立场反朱子者。学者苟单从《宋元学案》来了解朱子，便难免有所偏。

——

1.全祖望：清代鄞县（今宁波）人。为人有气节，曾修黄宗羲《宋元学案》。

学者如单从陆王研究理学，便不能了解朱子；然如本朱子立场来反对陆王，亦非是。盖朱子讲学在前，本不为反陆发也。又如站在朱子或陆王一边来看宋学，亦不能得其全，学者不可不注意。

———

007

　　王阳明[1]讲良知，并非讲大学；刘蕺山[2]讲诚意，亦非讲大学。我所谓讲义理，不必兼讲考据者在此。

————

————

1.王阳明：明代大理学家，浙江余姚人，字守仁。
2.刘蕺山：清代理学家，浙江绍兴人。

近两日胃疾，卧床读崇祯时僧人释梦华[1]《逆言》，书中批评儒道各家如庄老孟子及宋明理学诸家，皆甚佳，彼以佛经观点批评儒道，唯不限于某宗，评得语语中肯，实为一读通佛经及诸家学说之大哲通人。吾人如读通中国书，以之评核西方学说，亦无不可。

———

1.释梦华：明代高僧，著《逆言》一书。

009

学者苟欲懂得王学，须先读《阳明年谱》，不当先看《传习录》；阳明如不早死，可能有王学之第四步、第五步之转变。江右王门所讲，甚有道理。

———

　　学者如欲学阳明良知学，首当从自己日常生活悟起，空言无益。

———

011

阳明之学非不可讲，然甚难普遍提倡。吾人苟欲研究阳明学问，须先了解其生活历程。清儒讲阳明学者，吾最喜李二曲[1]。二曲著作亦多。如欲了解阳明，当先读其年谱，再读其诗文，继而读《传习录》，则能了知阳明一生及其学术精神所在矣。如读李二曲书，亦当本此意寻之。

———

1.李二曲：清代著名学者，为最了解王阳明之思想家。

012

苟能精读一书，自能启发自己之识见聪明。朱子教人首先读《大学》；阳明开始亦读《大学》；王心斋[1]成学前无师友，平时只看《大学》一篇。

———

1.王心斋：清代知名学者。

013

王心斋乃自极穷约中体验得人生真谛者。

————

014

讲黄黎洲思想渊源，特须注意刘蕺山，因两人实有精神相通之点，此点唯章实斋说得最明白。

———

015

余最喜黎洲《明儒学案》之自序。

———

桐城派自居为得宋儒义理之传。曾国藩师法桐城，其所讲人生大道理，均散见于其所作文章中。

———

017

　　《说文解字诂林》一书中，并无义理可言。"训诂明而后义理明"一语，非是。

———

思想方面的粹语

（补遗）

001

　　每一个民族，均有其人人必读之书。自宋起，六百年来人人必读之书为四书。《论语》《孟子》为我国二千年来必读书。《大学》《中庸》则为六百年来所定。余意《庄子》《老子》亦当为必读书，固儒道两家已有二千年历史，对中国文化影响最深最久。

———

002

朱子定《论语》《孟子》《大学》《中庸》为四书。四书固当读。余意：今日人人当必读《论语》《孟子》《庄子》《老子》四本书。姑名之曰"新四书"可也。

———

27

003

中国人之道理，万变不离其宗，均包含在《论语》《孟子》《庄子》与《老子》四本书中矣。

——

《庄子》有三十三篇，此书最难读。如能读通此书，其他书亦易读了。故读《庄子》可训练读古书之能力。

———

005

　　余自十岁至十二岁爱看小说，如《水浒传》，亦兼看金圣叹之注。余十七岁读《庄子》。读古书一定要兼看注。郭象[1]注《庄子》最有名，但仍不易懂。清王先谦[2]有《庄子集解》，亦可看。

———

———

1.郭象：晋河南人，喜好老、庄之言，有《庄子注》一书，与向秀注《庄子》齐名。

2.王先谦：清代长沙人。同治进士，工古文、词。治经重考证。曾辑刊《皇清经解续编》。

中国佛家多读《庄子》，并有高僧作注。

———

007

余四十岁后作《庄子纂笺》[1]，所引各家注凡三百家。历时两年完成。

———

1.《庄子纂笺》：新亚书院创办初期，南通沈燕谋先生常来新亚听宾四师讲学，并为之斥资出版《庄子纂笺》，日后钱师璧还款项，该书今已再版多次。（沈燕谋为江苏人，一九四九年来港，经常听钱师讲课，为新亚书院创校董事兼新亚图书馆馆长。）

　　庄子为战国时人，与孟子同时，惟孟、庄未曾晤面。孟子在政治上与各国关系多，庄子则少。最著者，庄子曾由好友惠施介绍见过梁惠王。此层，余在《先秦诸子系年》中已有详述。

———

009

余在香港，于一九五三年用白话撰《庄子小传》[1]，述说庄子事迹，自认系惬意之作。

———

1.《庄子小传》：宾四师同年（一九五三年）并撰成《老子小传》，后辑入《庄老通辨》一书，首篇即为《中国道家思想之开山大宗师庄周》，次篇为《中国古代传说中之博大真人老聃》。即庄、老两小传，一九五七年由新亚研究所初版印行。

《庄子》共三十三篇，由晋郭象编纂成书。郭象以前，人谓《庄子》有五十二篇，但流传仅得三十三篇。计《内篇》七、《外篇》十五及《杂篇》十一。

———

011

　　《庄子》一书，其书名非著作者之名，乃学派之名称。因古人胸襟阔大，讲公理而不计个人名利。凡庄子弟子讲述乃师道理，或后学者发挥庄子之思想，均全并辑入《庄子》中。《内篇》始为庄子自撰，《外篇》为他人所撰，《杂篇》则为零碎未成篇之文。欲辨《庄子》一书之真伪，比较复杂。因书中有庄子亲撰者，有非庄子亲撰者；其中作品之撰成亦有早有迟。

——

012

一般言之,《庄子》以《内篇》七篇最好。《内篇》亦最难读;《外篇》较易读;《杂篇》有的亦难读,内容精要,但甚杂乱。

———

013

余意：老子在庄子之后，孔、孟、庄、老四人，孔子最早，孟子、庄子次之，老子最后。但《庄子·外篇》中亦有较老子为迟的作品，因很多非庄子亲撰。其中《马蹄篇》，卢梭[1]最为爱读，其实此文非庄子所作。但此文短而容易讲解也。

————

1. 卢梭（Rousseau）：法国之著名思想家。

庄子之文章乃中国千古以来之好文章。吾人学韵文当读《离骚》，学散文当读《庄子》。但此两书亦为最难读之书。

———

015

　　余从前爱读《庄子》《离骚》。只要喜欢，不懂暂且可不理。凡喜欢者，要懂亦会省力些。人当培养读书之心情，则必会产生读书之趣味。学习任何事物，必先喜爱之，才能变成懂。

———

庄子不但是旷代哲人，又是绝世大文豪。其思想高，文学亦高。但很难读。但吾人求学当永远向不懂之处钻研，才会有进步。

———

017

汉时人讲黄老之学，魏晋后才讲老庄之学。苏东坡曾说过，他尚有很多话想讲，后来读到《庄子》，才知道都被庄子讲完了。

———

　　郭象注《庄子》之文章也极好。余五十岁时才发现郭象注《庄子》亦有错处，正如朱子注《论语》亦有错处。其实郭象注《庄子》，部分是郭象自己思想，与《庄子》原书不同，乃自成一派。

———

019

　　人谓郭象人品差。据说其所注《庄子》乃剽窃自向秀[1]之注。其实，郭象乃依循向秀讲法，即读通了向秀注再重写一部，汲取其观点之谓。

———

———

1.向秀：与郭象同时代人，他先于郭象，有《庄子》之注释，人谓郭注偷窃自向秀。钱师此条有所解释。史传向秀注《庄子》，至《秋水》《至乐》两篇未竟而卒，乃由郭象完成之。

唐代帝王姓李，老子亦姓李，故唐代特重道教。有成玄英[1]作《庄子疏》。疏以解释注，不懂注，可读疏。今日有人将郭注、成疏及陆德明[2]《经典释文》中之《庄子》意义合而读之。

——

1.成玄英：字子实，道士，唐朝陕州（今河南省陕县）人。其思想融入道家、佛教。其《庄子疏》为《庄子》重要注疏。
2.陆德明：唐吴县人，善言明理，成《经典释文》三十卷，为后世治经者所宗。

021

　　历来注《庄子》可分三个时期：第一期以晋郭象《庄子注》及唐初陆德明《经典释文》为主。汉人讲黄老之学，魏晋人则讲老庄之学，再加《易经》，为三玄之学。当时有人将陆德明《经典释文》中释《庄子》文字之意义合并入郭象《庄子注》中。陆氏之意义乃汇集多人之解释，由读者自己选择。注《庄子》第二期为明代焦竑作《庄子翼》《老子翼》。"翼"者，帮助之意。此书采集多家意见，很重要。注《庄子》第三期则在清代，如王先谦撰《庄子集解》等。

———

　　清人重汉学，整理国故，功夫伟大。吾人读古代典籍，须先读清代汉学书籍。梁任公誉清代为中国文艺复兴时期。

———

023

清人主张"训诂明而后义理明"，盖读书先要识字。中国字二千年来字形不变，但字义用法则不同。

———

　　读古书当考究古代文字之用法。识字是小学，训诂、考据亦是小学。故先应读文字学，读通古文，才能通古代典籍。

———

025

清代讲汉学最有名者当推王怀祖[1]、王引之[2]父子及俞曲园[3]。王氏父子有《经义述闻》及《读书杂志》二书，俞曲园仿《经义述闻》作《群经平议》，仿《读书杂志》作《诸子平议》。上述四本书乃研究国学者所必读。

———

1.王怀祖：清高邮人王念孙，字怀祖，乾隆进士，精于声音训诂之学，著《广雅疏证》等书。

2.王引之：王怀祖之子，清嘉庆进士，通声音训诂，成《经义述闻》《经传释词》等书。

3.俞曲园：俞樾，清德清人，号曲园。道光进士，学宗高邮王氏，曾主讲杭州诂经精舍，著有《春在堂全书》五百余卷。

胡适之先生写《中国哲学史大纲》，说要感谢王、俞诸先生，否则读不懂古书。故读古书当先学小学，才能明思想义理。

———

027

余谓"训诂明而后义理明"一语亦不很对。如"诗言志"一语，其意义并非如字面般简单。"言志"两字有问题。倘使不作诗而作别的更能言志，则不必作诗。故"言志"二字并不简单。故光是通小学与训诂仍是不够，当再学考据，扩大其研究范围。

———

又如"学而时习之""颜回好学"，照训诂言，"学"者，"效也，觉也"。单是作如是解释，已嫌不足，应进一步作考据。宋小程子十八岁时出"孔颜所好何学"一题，直传至今。但此题已非单凭训诂所能讲得明白。吾人当读通全本《论语》才能找到答案。故论义理之学，清不如宋。

——

029

又如老子所言"道可道，非常道。名可名，非常名"，当读通《老子》五千言才能明白。已非单纯靠训诂所能解释，王、俞诸先生亦未能讲明也。

——

做学问当分考据（含训诂）之学与义理之学二途。如《论语》中论"仁"，当将《论语》全书归纳之才可解释，不能单靠训诂。清人阮元作《论语论仁篇》《孟子论仁篇》，此法仍是不妥。朱夫子曾说，难道不讲到"仁"处，便与"仁"不相干吗？因此当读通《论语》《孟子》全书，才可作解。故释"仁"字，清不如宋。

———

031

朱子释"仁"为"心之德，爱之理"，乃朱子穷
数十年之精力，才能做出此精辟之解释。

———

太偏重汉学，则成为科学的死头脑，不会活用。但宋学家专重义理，则头脑失之粗疏。故今人做学问，当兼重两者，始可进一步发挥更佳之成绩。

———

033

学考据之学较易，学宋学则较难。即使兼学考据与义理，亦仍有不足之处。清人云："积字以成句，积句以成篇（章）。"此言乍听颇对，但一个字不止一种讲法，乃有两种或多种讲法。故必须先懂全篇大意，再解释个别之字，才可讲通。故姚鼐[1]主张"义理、考据、辞章三者不可偏废"也。

———

1.姚鼐：清桐城人，为桐城派古文家四大巨头之一（其次序为戴南山、方苞、刘大櫆及姚鼐）。盖钱师做学问乃自研读韩愈、欧阳修之古文开始，而桐城派则宗尚孔孟及唐宋八家，而《古文辞类纂》中所选唐宋八家文甚多。今人须特加注意者，钱师认为近代《古文观止》一类古文选集，远远不及姚鼐《古文辞类纂》选文之精美。

　　《庄子》一书，不同于孔子、老子之书，庄子之
作，乃含有高度文学技巧。如不通文学，便不能通
《庄子》书中之义理。

———

035

读古书当具备三条件：一考据，科学头脑是也；二义理，哲学思想是也；三辞章，文学眼光是也。

———

清人重考据，故能注释古书，惟注不好《庄子》。清人注诸子最佳者为《墨子注》及王先谦之《荀子集解》。但王著《庄子集解》则并不佳。盖王氏专讲训诂考据，而不懂庄子之辞章故也。其实，王先谦之文学修养已不俗，曾编《续古文辞类纂》一书。郭庆藩[1]《庄子集释》，则较王著尤劣；而桐城马其昶[2]通伯作《庄子故》，则优于王著。

———

1.郭庆藩：字孟纯，湘阴县人。曾参与镇压太平天国起义，后升任浙江知府，积极支持洋务运动。著有《合校方言》《庄子集释》《泊然庵文集》等书。
2.马其昶：字通伯，清末民初安徽桐城人，历史学家。

61

037

余十七岁读《庄子》，初不明考据，先爱其文章，后再读宋义理之学，及撰《庄子纂笺》，乃博采百家之注疏，兼收考据、义理、辞章三方面，自忖取舍得宜，简明扼要。

———

贰
历史方面的粹语

论史评史类

太史公写《史记》之伟大，在能对所搜集之材料知所取舍，评略得当。

———

002

中国自《史记》《汉书》一出，后人无法再循此路加以创新。如杜佑《通典》、李吉甫《元和郡县图志》《宰相世系表》，均能自辟蹊径，各创一格，故有其大贡献。

———

　　写史必须有体例。体有一定，例不拘常。如《史记》《汉书》有《儒林传》；《后汉书》则有《文苑传》；至《宋史》另加《道学传》，清人评为不当，非是。

———

004

学史者，当兼能著史、考史、评史。如司马迁《史记》，对所采史料均加考据，如《五帝本纪》，如《伯夷列传》，必考信于六义是也；亦有评史，如《货殖列传》，对当时国家经济政策即有评论。吾人读《史记》时，当以两种眼光注意其考史评史之处。至如司马光《资治通鉴》，考史评史分为两途益易见。宋人重论史；清人重考史；今日学者偏重论史，然亦有极浓重之论史意见，此不可不知也。

———

刘知几[1]评《史记》甚幼稚。

———

———

1.刘知几：唐彭城人，字子玄，为进士。武后时以凤阁舍人兼修国史。著有《史通》。为中国言史学者之鼻祖。

006

《廿二史札记》一书，体裁甚佳。但今人读之，似已不甚感兴趣。余尝思作《新廿五史札记》，或《宋史札记》《明史札记》等，此等工作，于后人极有用。

———

或说《廿二史札记》非赵翼亲作。李慈铭[1]即持此说。余意不甚赞同。赵氏非考据家，乃一史学名家。赵著确有其精彩处。余之欣赏此书，以其人极有智慧，颇富哲学味，读其诗可知。

————

1.李慈铭：字爱伯，号莼客，会稽（今浙江绍兴）人，五十二岁始中进士，官止于御史。因读书于越缦堂，人称越缦先生。清末著名学者。

008

    清儒章实斋提倡袁氏纪事本末体，是有其大见识处。《资治通鉴》固须读，《史记》《汉书》一类正史更须读。若单读纪事本末体，必嫌其单薄。余谓中国正史极伟大，尤以正史中之列传为最。

———

讲历史者，不当以现代人之观念套来讲古代史，亦不当以西洋历史之固定形式套来讲中国历史。如将西洋之封建社会及神权社会装进中国社会中，则非驴非马矣。又如有人讲中国古代神权政治时，则将当时儒、道、墨、法思想一笔勾销，亦属不智。故讲历史当实事求是，亦不必以迎合时代为贵。

——

010

写作历史，后代史材料多而易作，古代史材料少
而难作。

————

011

吾人写史，如无人情味在内，如何令人读之有可
歌可泣之感？

———

012

写史不能专写通史，断代史仍有极伟大之价值。

———

013

余写《国史大纲》前，初欲仿赵翼《廿二史札记》体例，提出若干大题目，篇幅内容稍加扩大。迨《国史大纲》书成，请吕思勉[1]先生代校是书。又缪凤林[2]先生读是书，指出余疏误处凡二十条左右。余在川时，曾将缪评附刊书后，后始逐条改正。

———

1.吕思勉：当代历史学家，钱穆师少年时代曾就读于江苏常州中学，吕思勉时执教于该校，后钱师成《国史大纲》，请其一校，目的请其雅正也。
2.缪凤林：当代历史学家，钱穆师自称，其所著《国史大纲》，缪凤林先生曾指出其多处疏误，再版时逐一订正。

014

今日西方史学家谈历史，均具悲观色彩。研究中国史，如能讲出中国人对前途不必悲观之道理，始得称佳。

———

英国历史学家汤恩比[1]讲文化，其错误在以苏俄为东方文化。至于指出刺激与反应来讲，此点亦不妥。汤恩比并主张复兴基督教。然吾人似不能依赖上帝来解决人类问题。

———

1.汤恩比（Arnold Toynbee）：英国近代历史学家，亦可谓是近代哲学思想家。

016

汤恩比讲文化，只重西欧方面，而忽略了其他民族之文化，彼连对东欧及美国文化亦颇有偏歧之看法。

———

017

汤恩比之历史学观颇为浅见。彼收集第一次大战之史料，鉴于大英帝国之没落衰败而深受刺激，彼亦深知今日世界中心在美苏，而世人已唾弃西方文化，然彼不能对西方将来提出一中肯而宝贵之意见来。

———

018

　　研究历史，不可忽略人。当知有五度空间，即在四度空间上再加进人的精神。至于第六度，则属神的方面，然此已非史学观点矣。

———

019

　　研究历史，不当专作考史功夫，须能评史，且更应能写史。写史体例方式，不必拘束于一途；能在写史中包括考史论史，是为最上乘之法。

———

历史方面的粹语

（补遗）

历史考据类

001

根据《史记·殷本纪》，商当时为天子，封周为西
伯。龟甲文中有"周侯"两字，即商为天子时，周为
诸侯，此乃当时政治上之名分。

————

002

商在安阳（河南）。周在丰镐（陕西）。自周赴商要从黄河摆渡。周击败商后，商之箕子逃往今之韩国。此事虽难找得证明，但绝对可信。韩国人亦自知。可见中韩早有关系。

———

商代之政治势力东至今日之韩国，西可管辖周侯。由此可推测，此时商在南方当亦有其政治势力。为时约有三百年，可见商规模之大，文化之高了。盖政治亦文化表现之一，进步到如此状况，至少要几百年。

———

004

周朝人跑出东方有两条路线：一条出函谷关，可到洛阳；一条出武关，可到汉水、淮水。再而可到南阳（湘）、襄阳（鄂），再经汉水、淮水到长江流域。故周是"剪商"。周推翻商政权后成为新王朝，但仍封商后裔于安阳。

———

武王灭商后二年崩。其子（成王）年幼，仅十余岁。中国古代传帝位，一为立弟，即兄终弟及；一为立子，即父子相传。武王以成王太年轻，而管叔不才，乃属意周公继位。周公以为不可。按理应让其兄或侄儿继任，故周公仅担任摄政，代理而已，七年后还政于成王。此周公之所以为圣人，亦即中国文化精神之所在，与西方文化有所不同。

———

006

　　某日大风雨，周公见麦苗尽淹倒田间，惧荒年即将来临，便赴庙祭祖，并向神祷告求武王病愈。周公欲以己身代武王之死，并将册祝之文及事情始末，藏于金縢之匮中。成王某日赴庙发现，前疑尽释，于是亲迎叔父周公返朝。太阳复出，麦苗亦再生。

———

　　三监受武庚煽动而掀起反叛中央王室行动。周公派兵东征，命子伯禽为前锋将军（时伯禽年龄在十七至二十岁之间）。大义灭亲，杀管叔、武庚。周公仁至义尽，仍封商于商丘。商仍有不服之殷顽者，周公迁彼于洛阳；重立安阳为卫国，为九弟康叔封地（康叔寿逾百岁）；封己子于曲阜；封姜太公（武王岳父）于山东临淄，即齐国；封晋于太行山旁；封申、吕两国于汉水、淮水之间；又封吴、蔡等国，将商丘加以包围监视。周公此种封建措施，在道德上，在军事战略上，均能兼顾勿失。

———

008

　　周都建于镐京（西安），迨西周衰落，有戎狄之患，周遂迁都洛阳，称东周。周盛时，曾封二百余诸侯。被封者包括本家宗室、外戚与古代灭国如夏、商、唐、虞、黄帝、神农诸帝。周王室为共主，其他受封者可说为部落。故中国正式有封建，当自周始。

———

所谓"四夷内侵"，实即"华夷杂处"。盖当时耕稼之民住于城郭之内。所谓野人，即住于城郭外之游牧人。由于西周衰落，王室尊严荡然无存。诸夏不服，互相吞并，篡弑频生。于是四夷入侵，戎狄进入城围之内，耕稼文化衰落，此乃春秋初期之大形势。

———

010

由于周王室衰微，篡弑兼并频仍，戎狄内侵。于是有霸主出而推尊周天子，禁篡弑，抑兼并，先使各国趋于安定，进而对付戎狄。此即齐桓、晋文等霸主根据当时东周形势所制定者。

———

　　管仲相齐桓公，力主尊王攘夷。孔子所佩服者，周公之外，当推管仲，以为如无管仲，将无中国文化。故孔子说："微管仲，吾其被发左衽矣。"又说，"民到于今受其赐。"足见孔子对管仲推尊之隆。

———

012

当齐桓、晋文等轮流担任霸主时，主张城郭联盟。如有一国受侵，联盟各国由霸主统率出兵增援解救。

———

　　封建制度为周公所创设，没有封建，便无周朝；"尊王攘夷"为管仲所提出，有齐桓、晋文等霸主出而维持当时局势，中国才得安定。今日世界局势正如春秋时代，亦需要有一大（批）政治家挺身而出，凭其一言而解开时代之症结，使世局趋于安定也。

———

014

余在民初曾见《春秋国际公法》一书。该书以《左传》所载，当时齐桓、晋文所定法律，用来比较现代国际公法，似较后者更为进步。此书写得很好，惜忘其作者，现已绝版矣[1]。

———

1.如有读者知有此书，则可补足此一缺失矣。

从前中国人决不承认中国是一个大国。其实，吾人不能违背天与历史，中国永远是一个大国。

——

016

战国时代亦有二百四十年历史，由十二诸侯成为七雄。此时已无"尊王攘夷"之口号。春秋时代一国一城，是城市国家；至战国，则一国有多城。如齐国有七十余城，已很具规模。故春秋时为封建诸侯；战国时则为军国，以军立国矣。

———

其实，战国不止七雄。起初应有九雄，齐、楚、燕、韩、赵、魏、秦以外，尚有宋与中山。中山国则为春秋时所无者。

——

018

春秋时代之国方百里，战国时代则增加十倍至方千里了。故孟子曰："海内之地，方千里者九。"

———

　　《战国策》中，亦记有九国之策。但太史公《史记》则称七雄。太史公生于秦始皇统一中国后八十年。孟子则先于太史公约三百年，且为战国时人。《史记》为后出之书，称七雄亦非错，因宋与中山先被灭。故前期、中期之战国为九雄，而后期则是七雄也。

————

020

太史公《史记·苏秦列传》《史记·张仪列传》中，谓苏秦游说六国[1]成功，成为纵约长，并相六国。六国遂联合抗击秦。太史公记述苏秦如何自贫寒而成为六国之相，张仪又如何受苏秦之激怒而卒成秦相。此故事传说已有二千年，但内容实不可靠。此余所以主张神话与故事不可全信也。

———

1.《史记·苏秦列传》记载六国，乃指燕文侯、赵肃侯、韩宣王、魏襄王、齐宣王及楚威王。

太史公记苏秦、张仪史实，有错误处。吾人考证历史，便知其不真。

第一点：苏秦、张仪略早于孟子。孟子说："海内之地，方千里者九。"则照理苏秦应游说联合八国，何以只游说六国，而少了宋与中山国？

第二点：《史记》载苏秦游说六国成功，遂联合而抗击秦，似乎秦当时为最强。但考诸史实，当时最强之国为梁（魏国）与齐。孟子见梁惠王，梁惠王曰："晋国，天下莫强焉！"（梁自称晋国。）后来孟子见齐宣王，告诉齐宣王不能凭武力王天下。孟子曰："海内之地，方千里者九，齐集有其一，以一服八，何以异于邹敌楚哉？"孟子看出当时齐宣王有统一天下之欲望。

第三点：春秋时，各国诸侯皆称公，独楚称王，因楚不服周天子。接着有吴、越称王。至战国，梁惠王称王时，秦则称孝公。梁惠王恐为人忌，乃邀齐威王亦称王。其子宣王继之，国势大盛。其后秦始渐强。当时现象乃强国先称王，弱国缓称王。

综上所述，苏秦、张仪等纵横家活跃时期，强国乃魏与齐，而非秦。

———

孙膑、庞涓同师事鬼谷子。后来孙膑事齐，庞涓事梁。齐击败梁而成大国。齐与楚联合，迫秦与楚和，再而齐楚绝交，秦渐成大国，由于战国史文献为秦廷焚毁，太史公作《史记》已苦无凭据。故讲此段历史，对《史记·苏秦列传》所述，当持审慎态度。

————

023

向来学历史之人，比较不重视社会与经济。西方人讲社会学亦不过二百年而已。

———

所谓唯物史观，即经济史观。西人认为由经济形态来决定社会形态，再由社会形态决定一切历史，遂有社会的分期。唯物史观、经济史观的分期则称政治跟随社会，社会跟随经济。于是说封建社会是农业社会，资本主义社会是工商业社会，共产主义社会则仍是工商业社会。这可说只是部分对，但东方历史绝不能如此讲。

——

025

西方讲历史分期相当紊乱，只能分上古、中古、近古等来讲。中国讲历史有系统，可按朝代来讲，与西方分期迥然不同。因人类历史演进并不能照马克思所讲的。人类历史演进有无共同轨道大值商榷。中国人的历史演进显然与欧美各国的历史演进不同。对各民族历史演进，当用归纳法讲，再来察看是否有共同轨道。

———

今日世界之问题，由于不能用政治、宗教等来解决，因此西方人已渐注意到东方的历史。土耳其、埃及等国的历史不完整，唯有中国的历史可用来研究人类历史如何演进，此所以欧美在今日已注意到文化问题。

——

027

从前西方人认为不信基督教的民族为不开化的、不文明的、野蛮的，因此视中国为半开化的。但今日西方业已改变此错误观点。

——

未来欲对世界学术有大贡献的，最好莫如研究中国历史。

———

029

今日世界人类已觉醒，各有一套自己民族的文化，并不佩服他人的。

———

　　讲人类历史共同演进的方法，就得用历史，用科学的归纳法。

――

031

最古的中国社会非原始共产主义社会，应称为氏族社会。氏族社会的经济以农业开始。世界文化的开始莫不如此。

———

历史可分通史、断代史、专门史。经济史属专史，如欲学习中国经济史，最好先能了解经济与历史之知识。

———

033

历史注重以史学之观点方法，作材料之鉴别考订。如研究井田制，先应鉴别是否古代有此制，是否可信。第二步，即要做出史学之解释，并加以评判：井田制如何产生，影响如何，何以不能继续于今日，井田制在当时之时代意义为何。此即史学。

———

讲经济史须具备两条件：一、鉴别的方法；二、解释其意义及评判其价值。学历史前应先了解其他社会科学。研究人文科学要根据历史材料。中国经济史长达二千年，历史演进之记载极详，西洋仅数百年而已。

———

035

过去我国学者研究历史之缺点为：

一、史学与经学不兼通。

二、用西洋历史模式结论套入中国历史中。如西洋有罗马奴隶社会，但中国没有。又我国之皇位为世袭，传其子孙；罗马则不然，英国则可传女儿。故中西历史大相径庭，我国之历史实应让西方人做参考。

———

农业经济类

001

　　研究农业经济可分三项目：

　　一、生产的经济：就经济价值言，如种稻、种玉蜀黍等，如各地同类粮食之价格不同。

　　二、农村的经济：中国农村经济活动场合中之地位与西洋农村地位不同。中国各地之农村经济活动亦各不相同。如上海四周之农村经济活动与湖南省的农村经济活动不同。又如广东番禺一县城自秦迄今，已历二千年，从未变动；但就农业经济生产物的价格讲，则番禺迭有变动。苏州自春秋迄今亦未变更。城市附近，必有农村，二者之间有密切经济关系，应同时讨论。

今日我国之城市既非西洋之城市，亦非古封建之堡垒，与西方封建社会模式有所不同。故我国之农村与城市之关系亦与西洋不同。

三、农民的经济：讲及农民实际的生活，西方农民是奴隶，我国则为佃农与自耕农。论农民之地位，中西亦不同。至于生产物价格，则中西略同。

———

002

　　我国文化是大陆文化，而非海洋文化；是村落的，而非都市的。（希腊、埃及之文化，其重点在都市。）埃及、巴比伦是平原文化；我国则为高地（陵谷）文化，亦非河流文化。

———

世界四大文明古国：埃及、巴比伦、印度与中国（也有加上墨西哥者）。此四大文明发源地均自农业始。埃及有尼罗河，巴比伦有两河，印度有恒河，中国有黄河，因农业发展靠水利灌溉。但中国与其他三国情况不同。

——

004

中国农业发展并非单靠一条黄河。埃及、巴比伦、印度三国均处于热带或亚热带，但中国则气候不同。再就面积言，埃及、巴比伦小；印度较大，但单纯；中国则幅员广大，气候土壤等亦南北不同。

———

中国古代北方之农作物并非种稻麦开始。向来所谓五谷者，即黍、稷、稻、粱、麦；再加上豆，则称六谷；合黍、稷、稻、麦、粱、大小豆、麻与菇，则称九谷。但中国最早之农作物则为黍与稷。

———

006

　　吾人当根据历史研究中国最早之农作物。黍与稷为中国北方最早之农作物,《诗经》中即已提到。甲骨文中提及"黍"字最多,商代占卜常言及收成好坏,甲骨文中多见"求黍"及"求黍年"等字句。但未见有"求麦""求稻"。因黍贱易种,为商人之农业主要作物。稻麦为贵品种而较难生长。故商朝求丰年只求黍,《诗经》中提及"黍""稷"两字很多,可资证明。

———

古代农业发明者有"后稷"与"神农","后"即上帝之意,"后"与"神"均为形容词。神农姓姜,后稷姓姬,此两人均在中国西部,何以不称"后稻""后麦",而称"后稷",盖中国最早之农作物为稷也。

———

008

甲骨文为盘庚后之文物，为可靠史料。但后稷之史料借传说而来，乃由推想而得，但并不一定不可靠。

————

　　黍稷有共同之性格，即均为高地农作物。郑玄[1]曰："高田宜黍稷，低田宜稻麦。"今日北方以种麦为主，种麦处即种稻处；南方以种稻为主，种稻处即种麦处。而稻麦需要水分多，故种于"低田"；黍稷需要水分少，故适宜种于"高田"。此亦证明我国当时有高地农作物，亦有低地的。

――――

――――――――――――
1.郑玄：汉代著名经学家。

010

我国五谷之一曰"稷"（稷为高粱之古名），"后稷氏"者，"后"为尊极之意。而不称"后稻""后麦"，可见当时最重要的农作物是"稷"。今山西省有"稷山"，"历山"亦在山西。稷为高地旱性植物。我国古代农业偏于高地旱性作物。所以我国古代文化起于丘陵，起于高地，而非起于平原。故称大陆文化，而非海洋文化。

———

011

所谓五谷，即稻、黍、稷、麦、菽（菽是大豆）；普通说农作物为黍、稷、稻、粱。清程瑶田[1]作《九谷考》，曰："稷者，今称高粱。"此处所称之粱，即今之小米。黍即北方之黄米。

―――

1.程瑶田：清代安徽歙县人，乾隆举人。精通经学，著有《通艺录》。

012

我国古代农作物由高地开始，是先种（多种）高梁、黄米（即黍稷），而非先种稻麦。《诗经》云："黍稷稻粱，农夫之庆。"其意乃黍稷在先也。

———

　　《诗经·七月》中，周公述说中国古代农业经济及农村农民之生活状况甚详。此诗虽无说明先种植何种作物，不过可自其下种之日期看出，高粱是在古历正月下种。稷可称五谷之长。此诗中说明：春天为蚕桑之时（插秧期）；夏天盛产瓜茄蔬菜；对于稻，只提了一句说"十月获稻，为此春酒"。此是早稻，且仅是种少量作酿酒用。酒在古时仅供老人饮用。此诗述说农事极详，却不提及种稻之法。

————

014

《诗经》《礼记》及《管子》等书所记载，均可证明春秋以前，我国人民主要在山陂陵阪地区种植黍稷等旱地作物。另一证明，古代敬神是取黍稷，因古代人民尊重高粱、黄米，含有重视黍稷过于稻粱之意。

———

　　古代有两种盛载祭物之盛器，一曰簋（音鬼，内圆形），为当时第一等盛器；一曰簠（音斧，内方形），为第二等盛器。但当时祭神以簠盛放黍稷，以示尊敬，稻粱却放于第二等盛器的簋中。

———

016

古代祭神，水为最尊贵，酒次之。亦从而可见中国古代农作物是黍稷始。

———

晋人束皙《补亡诗》云："黍华陵巅，麦秀丘中。"
陵即山地、丘陵也，说明黍开花于山上。四方高中央
低者为丘，长江流域的山上有田，可种稻。但在陕西
的山上则种麦。此说明了我国农作物有高地与低地两
种。而古代多为高地山上之农作物，是旱地作物。

———

018

　　《淮南子》记载:"尧之治天下也……泽皋织网,陵阪耕田。"泽皋是水泽岸边。陵者,大阜,山无石者、土地高者曰阜。"阪"或作"岅"或"坂"。《诗经·小雅·正月》云:"瞻彼阪田。"阪田为崎岖垅堮之处。此处说明在平原之湖泊地区捉鱼,在山陵之处耕田,可称陵阪文化。淮南子为今安徽省人,知古代人民在低地捉鱼,在高地种田,可知他懂历史。

———

019

我国古代农作物非用河水灌溉，乃旱性之高地作物。如"神农氏"，又名"烈山"，"烈山"两字之意义，即将山坡上之草木用火烧毁用作肥料，然后下种。可见耕种之地在山上，是山耕，并非用水利灌溉。

———

020

我国古代山耕之又一证明——史载"舜耕历山"
（历通厉），亦是山耕。

———

021

　　《礼记》中载有旱稻，即《内则篇》所记"陆稻"。

　　《管子》书中记有"陵稻"。陵稻即栽种于山陂高地之稻[1]。

———

———

1.中国之有稻，可能山地之旱性"陵稻"，早于低地之"水稻"。

022

　　《吴越春秋》云："尧遭洪水……聘弃（后稷）使教民山居，随地造区。"此处所谓"山居"，是命人民住山上种田。古代高地上种的当是黍稷，而非低地的稻麦作物。

―――

　　《易经》云："上古穴居而野处。"《礼记·礼运篇》云："昔者先王未有宫室，冬则居营窟，夏则居橧巢。"窟者，穴也。营者指一个个散布于高地之窟窿。今日的太行山区仍可见在半山地带有此类穴居。此类穴居并非在平地挖洞，乃在干燥的山地上挖洞。

———

024

公刘之诗云："陶复陶穴。"陶即挖空。在山上挖穴而居，亦即居于山地。山居与山耕同时。中国此时期之文化，可称为"黍稷文化"，亦可称为"陵阪文化"。

———

　　推想中，中国古代农业，绝无水利工程。在古代典籍中可找到证据，证明古代先民耕种与居住均在高地。

　　《孟子》中记载："当尧之时，水逆行，泛滥于中国，蛇龙居之，民无所定，下者为巢，上者为营窟。"营窟者，环形之山洞也。今日河南省仍有可见。人居住山洞内，可证明耕地亦在山上。

———

026

　　中国的文化发源地，最初并不在黄河两旁，而是在其支流渭水、泾水、汾水与洛水一带。但这已是后期。因中国最古之文化并非在水边，亦非在平原，而是在高原上。故并无西方人所谓在摇篮中孕育出来的文化，亦非如埃及、巴比伦一般在暖房中培育出来的花。中国文化乃是在山地上经过日晒雨淋，培育出来的并非花，而是松柏。即使是花，也是梅菊之类。

———

春秋以后，一般仍以高粱为主要粮食。《论语》云："饭疏食。"疏，即虇，粗也。意即吃高粱之粗饭。此点亦有考证。《礼记·玉藻篇》云："稷食。"意以高粱为主食。《左传》曰："粱则无矣，虇则有之。"粱指小米，虇指高粱。

———

028

孔子所言"食夫稻，衣夫锦"，说明天子当时以稻米为主食，生活已很讲究。

———

　　《战国策》云:"东周欲为稻,西周不下水。"于是东周人有改种麦者,因为缺水之故。此乃时代环境造成栽种作物之不同,故农业经济状况亦因之而异。

————

030

我国古代农作物之分期：第一时期为黍稷时期，此乃指西周以前；自春秋至战国，主要之农作物已渐由黍稷而为粟麦，可称为粟麦时期；至最后，则为稻米时期矣。

———

世界上最难学与最难教的历史厥为中国史。此乃
由于中国历史之年代绵长，卷帙浩繁之故。

———

032

世界上最不懂自己国家历史的人，当为我们中国人。中国人之所以不知爱中国，亦因不认识中国历史之故。

———

　　讲历史要分期，但不能严格分期。西方人将历史分为上古、中古及近代三期，但中国史则不能如此分。秦以前固然可称为上古，但中国史时间长，如完全按照西洋史来分期，则并不妥当。

———

034

普通吾人讲历史以有历史记载为根据。但近代因发掘地下层而新添地质学、生物学与人类学等诸门学问，因此而有史前史。再而有天文学，此等学科均为吾人今日学历史必须具备之知识。

———

在有文字记载以前之历史称为史前史。史前史乃靠发掘地下所得的器物（用具）来推想古代人民的生活文化。此即古人的历史，亦即田野的历史。

———

036

一般来说，石器时期乃无文字之时期。此一时期又可先后分为旧石器时期与新石器时期。所谓新石器时期，粗略言之，即当时人所用之石器已较旧石器时代的光滑与锐利。

———

　　由新石器时期进至铜器时期，此一时期，已有文字。再而进至铁器时期。铁之发现在铜之后。再进而有电器时期，又进而为原子能时期。用原子能是今日人类历史之新观点。

———

038

有说黄帝时史官仓颉发明文字。此说实非全对。古代一事物，欲肯定其在何时由何人发明实甚难。此乃积累许多时期许多先贤合而创成之故。

———

所谓"传说的历史"，乃是指有文字以前，靠记忆用口口相传，将上古时所发生之大事一代一代往下传。亦称"口口相传"。可能在传说中掺进神话之成分。因此，各种传说，部分不真，并非信史，只是"传疑的时代"。

———

040

讲历史，可以根据史前史、考古学来讲。但神话亦并非全部靠不住。出于口讲的话并非一定有证据，但亦可能是真，故传说亦有可靠者。例如诸葛亮借东风是神话，但赤壁之战是真事。

———

041

近年来我国讲史前史喜根据古器物来讲，喜讲田野发掘，但无人讲传说，讲神话。但传说实亦有可信者。

———

042

有文字记载前的历史是传说，是神话；从古器物再进入有文字时期，亦为另一种讲法。但将古器物与传说、神话加以契合贯通，则至今仍无人去做此步功夫。

——

043

历史可分有文字记载以前之历史与有文字记载以后之历史。前者包括"追记""口说"以及古器物与地下发掘所得之文物。

———

044

我国有两次极重大之地下发掘所得。其一厥为"殷墟"之商代古文字——甲骨文，是以商代已有信史。故一般来说，商代以前非"信史"。然余意"传说"与"神话"之可信者，当有十之六七，并非全不可信。

——

殷墟为铜器时代，掘得甲骨文后，已正式有了历史；商代以前的则为史前史。这是一派说法。然余意"传说"的"追记"历史仍有可信之处。将上述两种意见加以汇通则有待吾人今后之努力。

———

046

殷墟所掘出之甲骨文，当时称"契文"，亦称
"殷墟文字"，或称"龟甲文"。后经研究，此种文字
是商代帝王占卜吉凶所用，故亦可称"占卜文字"。

———

河南安阳县西北五里处有小屯村，在洹水之南。《项羽本纪》有云："洹水南，殷墟上。"述说项羽曾渡到洹水之南。"墟"即古人所居之处，今已成空墟。

———

048

商代盘庚建都在黄河以北，已是商之下半期。有人主张盘庚前无历史，此说亦不通。

———

049

　　郭沫若[1]在日本时已研究甲骨文，但近代研究甲骨文最有贡献者，当推王国维[2]。郭氏曾写《中国古代社会研究》一书，说商代是游牧社会，此说非是。

1.郭沫若：当代史学家，曾留学日本。
2.王国维：清海宁人，字静安，曾游学日本。研究文学及古器物学，晚年治殷墟书契文，名震中外。曾任教于清华国学研究院。

050

殷墟甲骨文字中已发现有"黍""粟""穑""畴""田""禾""米""麦"等字，可见当时已有农业；且又有"丝""帛""圃"等字，可见该时农业之发达；又有"车""舟""宫""室"等字，可以想见当时人民之生活，已显非游牧社会矣。

———

051

殷墟发现之甲骨已逾十万片，字数已达四五千，绝非一个短时期内所能创造出来，乃先人积累发明改进增添而成。故吾意夏代当已有文字。由夏至商历时四百年，而文字之进化至少亦需四百年，故推测夏代已有文字。

———

052

　　要将文字刻在龟壳或牛骨上，必须用极坚硬锋利之金属刀。可见商时冶矿之学已发达。当时如我中华民族文化不高，便无法制造出此种利刀。由上古到甲骨文字之制成，其间一段历史已很悠久，当可想见。

———

053

近人郭沫若见殷墟甲骨上刻有捉狼捉鹿等文字记载，以为当是游牧社会之打猎。殊不知此乃当时帝王之高等娱乐。郭氏据此论定该时期为游牧社会，实大谬误。

———

054

　　我国最早刻于石碑上的字是李斯时的篆文，最古刻于铜器上的字是钟鼎文，更最古的是已有三千余年历史的商代甲骨文。甲骨文是商代帝王用来占卜的，与《史记·殷本纪》所记契合。过去对甲骨文最有研究者，当推王国维。

———

王国维先生作《古史新证》一篇，证明"夏禹"在钟鼎文中已有，因而否定了顾颉刚[1]先生所著的《古史辨》。

———

056

吾人谓中国之老祖宗为黄帝，并非谓黄帝之前无中国人，乃因黄帝以前之人不值得提也。

———

　　黄帝究是旧石器抑新石器时代之人，今日亦很难加以考证。

———

058

吾人讲古代史，当依据两种途径：一为记载之文字，一为遗留之器物。不过追记"传说"与"神话"者，不可全信，但亦不可全不信；至于器物虽可信，但亦不能全信。因吾人不能十分确定该器物出于何一年代。根据一器物而推测其他事物者，固不可不信，但亦不可全信。故最好能将上述两种材料配合运用来讲，不可抹杀其他一种。

———

  《史记·殷本纪》与殷墟甲骨文字所记相符合，可汇通。龟甲文之有大价值，即借此古文物，可用来证实古人用文字记载之历史如《史记》等为真。

  余意：既然《殷本纪》可信，则《夏本纪》亦连带可信。同时，历史上称夏、商、周三代，《尚书·周书》中有周公之文，周公讲商代，亦同时讲夏代，故《夏本纪》亦应连带可信。

———

060

　　《楚辞》中之《天问》，以及《山海经》，向来国人皆当作神话看。但自殷墟龟甲文掘出后，证明《天问》与《山海经》亦有可信之处。《史记》更为可信，既然《殷本纪》可信，《夏本纪》自亦可信。故殷墟文字之掘得，更加使吾人对古代中国史增加信心。

———

吾人不能单靠古代器物来讲中国历史，犹如不能只靠金字塔来讲埃及史。欲研究埃及，必须读通以埃及文字所记载之埃及史。故研究中国古代史之大方向，亦应该主要靠以中国文字记载之中国典籍。

———

062

殷周之际，史籍记载太王有三子，长子泰（太）伯，二子虞仲，三子季（王季）。因口头传讲者已忘其全姓名，故为信史，乃可信者。

———

063

照旧书说法：夏时有一万国，商时有三千国，与周同是封建时代。此说实太笼统。其实所谓一万国、三千国者，只是部落，到周代才由部落变成封建。故周代才是封建时代的开始。

———

064

商纣行暴政，周武王对商宣告并非要灭商，只因暴政有违天意。周于是吊民伐罪，讨伐商纣，以慰问民众。而推翻商纣后，周仍封纣子武庚于安阳。此种宽大精神，乃中华民族文化所独有，为欧洲人所无者。

————

周有八百年天下。周武王时第一次封建，周公时第二次封建。周公封宗戚，又兴灭国，继绝世。如封夏之子孙于杞，封舜之子孙于陈，诸凡古代帝王子孙均给封。周以德治天下，并不采用如古代罗马帝国般的帝国主义手法。中华民族可说是一个和平的民族，一种和平的文化，一部和平的历史。

——

066

　　讲道德之人亦可使用手段。如周公封建，即用手段来完成其道德之目的。美国总统罗斯福手段好，但道德不足。他故意引日本偷袭珍珠港，以便师出有名。故以道德言，则罗斯福不及威尔逊总统。

———

　　春秋时代之诸侯受封在平原上，于其上筑城两套，内曰城，外曰郭，以防御城郭外之人入侵。城圈面积，直径不过二里，其长度有三里、五里或七里者，此城圈即一小国，居城内者为耕稼之民。以城郭为中心之郊野之直径为一百里，半径五十里。封疆以外，即为弃地。国与国（城圈）之间是未开垦的草地。因当时人口少，此空置之草地面积约莫有数十方里或一二百方里之大。

———

068

　　中国古代在城圈之封国内之民众以耕稼为生，是为农民；在城圈外草地之民众以游牧为生，叫游牧人。故中国古代，耕稼与游牧同时并存，两者并非有先后阶段。正如香港在市区为一工商业社会，而九龙新界之乡村则以农耕为生一般。

———

　　所谓华夏与戎狄，前者以耕稼为生，后者以游牧为生。大家同是中国人，等于一家人中有两兄弟，一为教书，一为经商。并不能视华夏为高尚民族，戎狄为野蛮民族。所分别者，乃华夏民族之生活、文化程度较高，戎狄较低而已。周实施封建后，戎狄遂被迫进入山区。

———

070

有眼光的历史学家，绝非守旧者，乃是维新者、革命者。

———

叁
文学方面的粹语

001

　　自归有光[1]而钱牧斋[2]而黄黎洲，文章一脉相传，惜未有人讲及。

———

1.归有光：明昆山人。字熙甫，嘉靖进士。工古文，学者称震川先生，有《震川先生集》。
2.钱牧斋：钱谦益，清常熟人。号牧斋，官至礼部尚书。著有《初学集》及《有学集》。

002

顾亭林[1]之散文在中国文学史上可占甚高地位。顾氏不主模仿古人文章，但不反对向古人学习。盖学习与模仿有别。

————

————

1.顾亭林：顾炎武，清初昆山人，字宁人，学者尊称为亭林先生，著有《日知录》《天下郡国利病书》等。

003

为文当有只写一条或一小段之本领。细看《日知录》《东塾读书记》等可悟。

———

写文章之大本领非在写出部分，而在其未写之处。其巧妙即在不可将欲言者全部说出，与题旨无关者更当搁置勿阑及。

————

005

八股文巧妙处，在能扣准题目，正反均不离题。桐城派古文最大巧妙亦在此。

——

八股文有一特重之点，即全文均须切题，一字不可支蔓。世有蔑视桐城派文者，以归有光、方苞[1]均为八股文名家故也。近人如章太炎[2]最不屑桐城文，然其晚年主张为文须学桐城。因桐城派古文，凡作一题，必能扼要深入题旨，却无支蔓之病。

————

1.方苞：清桐城人，为桐城派继戴南山之后之古文大家。
2.章太炎：当代国学大师，清末浙江余杭人。

007

作文当善为剪裁，只说一题旨中心。如欧阳修写《新唐书·艺文志》序，全文中心仅得一句。

———

肆
为学与做人粹语

001

吾人为学，如欲汇通中西，实无急切之法。其唯一之法，厥为先读通中国书，再读西方书，始能真了解，真汇通。

———

大史学家亦可通哲学，反之亦然，不可界限太清楚。

———

003

开始学写论文，不可太简要，当详细考订辩论。

————

004

研究《诗经》，当用朱子《诗集传》及《朱子语类》。

——

005

初学写论文，题目宜小，且不可牵涉太广。

———

006

写论文当兼重义理与考据。

———

007

　　做学问必须知有一条路，此路乃为康有为[1]所破坏，康氏不讲义理，而讲经学。讲经学，又是纯为发表己见。吾人不可走康氏此路，而仍当讲义理。

————

1.康有为：清南海人，字广夏，人称南海先生，著有《新学伪经考》《孔子改制考》等书。康氏为当代书法家，与何绍基齐名。

008

凡一著作，其序与凡例极重要，当先注意。

———

009

古人做学问，乃将思想与历史混在一起笼统来说，今人则为之分清界限，此亦可说为今人比古人进步处。

——

010

任何学问，均须考据，然于微言大义、学术源流及正变得失之三者，实为首当注意之事。

———

011

今日当重通才教育，宜教学者多读书。写论文只是一种写作之训练，而做学问则不宜专重此点。

——

012

写学术论文，切忌浮词。

———

013

学者所亟需，乃为先事多读传统性之大著作。

———

014

陈澧兰甫[1]尝云："儒者著书，眼光须及上下数百年。"陈氏最服膺顾亭林，故能有此语。

———

1.陈澧兰甫：陈澧，清番禺人，字兰甫，道光举人。博学而无所不研习。著有《汉儒通义》及《东塾读书记》等书。

015

余年轻时，尚不能全了解陈澧兰甫之为学精神，惟服膺曾文正公论读书须从头到尾逐部读完之说。即如读《船山遗书》《朱子语类》大部书，均无一字遗漏。

———

初做学问，当先以别人之学问为主。如此始有传统师承。

———

017

义理之学之价值远在考据之学之上，然求义理亦不能废考据。

——

讲义理之学，各有各的讲法，有程朱亦可有陆王。即一师之下，其从学者，亦可各有不同。如求见解之一致性，则义理不如史学，史学又不如训诂考据之学易得一致。

———

019

今人称博士为洋八股，其实，博士不即是学者。如中进士，做翰林，亦非一定是学者。

———

学问中有士大夫之学，可对社会人生有贡献；又一为博士之学，只在大学任教或写书，此为一专门之学，其贡献乃是间接的。

———

021

学问似有两途径入：有凭空盘旋而入者，有得古人一语勤加钻研深究而入者。

———

孔子之道，人人均可学；可有异同，然却不可有门户。

——

023

余自动做学问无师授，引我入门者，乃自读韩（愈）欧（阳修）文始。

———

　　清儒姚鼐惜抱、戴震[1]东原均主张义理、考据、辞章，三者不可偏废。此意甚是。余意讲义理，亦不可撇弃考据。孔子尝谓《周礼》，吾能知之，《殷礼》，则文献不足，可见孔子亦讲考据。阳明作《朱子晚年定论》，亦是考据，只所考疏略而已。故余谓考据之学不能无义理，义理之学不能无考据。又当讽诵文章，为学庶不致多有偏倚。

———

1.戴震：字东原，清代著名学者。

025

做学问当熟读典籍，能背诵更佳。忆在抗战期间，曾在重庆与徐炳昌[1]先生同室而住，闲谈间彼能背诵王船山《读通鉴论》，余甚诧异。因彼为留法学生，询之，知其乃少年时所熟读。又有某友曾来燕京大学相访，谈次，彼能背诵《左传》，皆朋辈中稀有也。

———

———
1.徐炳昌：二十世纪抗日战争时期曾在重庆某大学任教。

做学问固有不同之门户，不同之研究领域，然绝
不可有门户之见。苟有门户之见，便易轻视甚或排击
对方。研究各种学问，固有不同之门路，然各种学问
仍可相通。如史学可与哲学通，哲学可与文学通，文
史哲可互通共济。吾人固不否认今日研究学问各有不
同之领域与门路，然若固执以为互不相通，则成为陋
儒之见矣。

———

027

诸君如能详读《史记》《汉书》，便能知余所著《秦汉史》如何取材，如何写法，能将三书参互并读，便可知写史之法。

——

028

做学问须有良师启导，益友切磋，无师友乃人生
一大苦事。

———

029

　　陈澧兰甫谓为学可以有宗主，但不可有门户之见。世有所谓截断众流之说。如谓尧、舜、禹、汤、文、武、周、公、孔、孟之道，迨孟子之死而不得其传。今世持此单传之浅见者，比比皆是。余喜前者而恶后说，盖狭隘门户陋见，非儒者为学之态度也。

———

人须立志，志愈高，则其生活必愈严肃清苦。此种严肃清苦必可培育尔成才。

———

031

　　余平日喜读古人年谱。犹忆余所看第一本年谱乃为钱竹汀[1]之自著年谱。其学问著作均在四十以后，此则大堪激励。

―――

1.钱竹汀：钱大昕，字晓征，一字辛楣，号竹汀，中国清代史学家、语言学家。江苏嘉定（今上海嘉定）人。

做学问须寻路脉，有师承。学者如自进修陈兰甫、章实斋、颜习斋[1]诸儒之书，再循此上溯，始不为婟嫪于考据之业者所拘。

————

————

1.颜习斋：颜元，字易直，又字浑然，号习斋，明末清初思想家、教育家。直隶博野（今河北保定博野县）人。

033

　　孔子论学问，约之可有三途径：一为历史文献之学，子夏子游是也；一为政治之学，此即行道淑世之学，子路子贡是也；一为修己立身之学，此即传道待后之学，颜渊闵子骞是也。唐宋八家虽主文章，然其所抱修齐治平之道，亦已均在其中，实不出上述孔子之三途。初学读古经籍，不如先读姚鼐《古文辞类纂》较易得益。

———

034

今人研究学术，考据必不可少。且当知今人为学，考证已超清人之上，此点亦当注意。

——

035

做学问有两大分野：一为从学不从人，一为从人不从学。两者之间仍有东西[1]文化之分别。今日研究学问分类已细，但仍当有人来写一部大的世界人类学术史。将来的大学者，必取精用宏，走向做大学问之道。

———

1.“东西”下有两字，为宾四师所改，第二字不易辨认，似为“文化”两字。

学历史者，当兼能著史、考史及评史。

———

037

中国人讲道理简单，讲方法则不简单。西方人反是。

———

今人读书，不可不求甚解。盖其目的乃在做一经师。

———

039

学理学当能做人，学史学当能写史。

———

灵感与诗意，有时于研究历史亦大有帮助。

——

041

做学问犹如经商，须谨慎，不迈大步，不使亏本。遇有机缘，亦可发财。人生最佳之训练莫如做学问，人生最大之野心即在做学问。

———

042

孔子所谓"士"，乃有理想而能肩负道义之人，且不以恶衣恶食为耻。故云："士志于道，而耻恶衣恶食者，未足与议也。"

———

043

　　学者当虚心服善，尤不可文人相轻。尤以人文学者，更当虚心，更当服善，切不可以学阀自居。做学问已达某一境界者，当抱老子所谓"知我者希，则我者贵"之态度，亦即孔子所谓"知我者其天乎"之意。

———

　　学者当抱"无我""忘我"之精神。宋儒张横渠云："为天地立心，为生民立命，为往圣继绝学，为万世开太平。"却并不曾为己。孔子云："士须尚志，所志亦决不为己。"须将自己丢在一旁。学问所以为公，如无此心，便不可做学问。昌黎所谓"处若忘，行若遗"，为学如有此精神，斯为至矣。

———

045

做学问可训练学做人。如做人功夫不够，做学问则不易有成。总之，先须学做人。德行到达某一阶段，学问亦可到达某一阶段。服善、虚心、积累及去除功利观念，均为培养德行之要项。

———

046

做学问成败之关键，最后决定于德行。为学不可心胸狭窄，亦不可有暴躁之感情。

———

047

德性之学乃人文与自然二者之间之综合学问。此种综合学问，可自"人与学"中悟得。

———

048

人如埋首为学，须有自信，更须有忘我之虚心精神，然后始可安身立命。

———

049

为学者重积累功夫，不可自欺，不尚空论，亦不当跨大步。

———

伍
人物点评粹语

001

韩愈[1]主以文明道，章实斋主以史明道。

———

1.韩愈：字昌黎，唐代大文豪，文起八代之衰。其古文为清代桐城派所宗奉。

昔日读李慈铭日记，见李氏每购一书，当晚即可作一书评录入其日记中。此种读书似有一毛病。例如购得七家《后汉书》，即将之与范蔚宗《后汉书》一比，未曾阅毕全卷，只对着一些处，便可匆匆写下笔记。虽貌似博雅，实不能获得学术之大体。

———

003

余于清儒，颇不欣赏龚定庵[1]、康有为，而喜章实斋、陈兰甫。

———

———

1.龚定庵：龚自珍，清仁和人，号定庵，道光进士。著有《龚定庵全集》。

256

　　余于清代学者，最所欣赏者，厥为顾亭林、章实斋、陈澧兰甫三人。顾氏生于明末，能洞见当时学风之弊，并加挽救；章氏之可贵，在其不专主考据，不追随当时风气，而能加以矫正；陈氏指示后人做学问之道，甚见功绩。此三人所著如《日知录》《文史通义》与《东塾读书记》，皆不朽之作也。

———

005

清初有三大儒，为孙夏峰[1]、李二曲及黄黎洲，三人均为豪杰之士，其中最伟大者，厥为李二曲。

——

1.孙夏峰：孙奇逢，字启泰，号钟元，直隶保定府容城县（今属河北）人，明末清初理学大家，万历举人。著有《读易大旨》五卷、《理学宗传》《圣学录》等，晚年讲学于辉县夏峰村，世称夏峰先生。

006

刘蕺山为挽救王学流弊，所论诚意之学极扼要。

———

007

余特欣赏章实斋讲学术源流。章氏论学，得力自
《明儒学案》各篇之序，此为其大史识。

———

第二部分
钱穆信函遗墨

眷正

子彬老兄大鉴：

　　兹介绍至友罗慷烈兄之令亲前来求诊，至希赐予方脉为感！此颂

日祉

弟穆启 端节前夕

按语

　　这是一件十分珍贵的墨宝，涉及现代三位大师的交往。首先，这是钱师的亲笔信，是请求当今国医界费子彬[1]大师为罗慷烈教授的亲人治病。费医生先祖是清末的宫廷御医，可谓医学世家。至于罗慷烈教授亦是当今的词学大师，亦是我的恩师。他受钱穆老师的再三请托，在他的指导下，使我在二十世纪七十年代顺利完成香港大学中文系的硕士学位。由于罗师年近退休，便商请何沛雄教授继续指导我完成博士学位。钱、罗两位大师都是我的恩师。按钱、罗两师及新亚创校董事长赵冰老师（赵师曾教我英文作文两学年）均同在广州华侨大学任教，而成知友。罗师在培正中学任教时，何教授正就读于培正。感谢他慨然允诺作为我的指导教授。至于费医生，他是钱穆老师早岁常州中学的老同学，相知莫逆，历数十年。我二十世纪五十年代初在新亚书院就读哲学教育系时，曾是工读生，某次替校方送文件到费医生府上。费公知我患伤风感冒，便自告奋勇赐我方脉，分文不受，服药两剂而愈，感恩不尽。

　　至于这件墨宝，怎么会来到我手上呢？说来话长。我自离开中大新亚书院中文系的兼任讲师及岭南书院的中文系专任讲师兼助理训导长职位后，于一九七四年秋，由于香港佛教僧伽联合会的创办人洗尘法师的赏识，我被安插在他所创办的刘金龙中学及能仁书院夜间大专部任教。当时妙法寺的《内明》佛学月刊总编辑沈九成先生在每周末会前往九龙油麻

1.费子彬：当代名中医，江苏人，为钱师常州中学同学。一九四九年到香港悬壶诊病，病者受益无数。

地弥敦道上一大厦之中道学会主讲佛学，我多次前往聆听。当时费师母正好住在该大厦会所之上层，每周亦前来听讲。由于费师母早就认识我，并知道我在新亚研究所时钱师指导我写硕士论文，某次聚会时，费师母便把这件墨宝及费医生某年赴台北时与钱师江苏常中的另一位老同学蒋君辉的合照慨赠予我。从佛教来说，这是一种结缘。我能获此珍贵文物，得感谢费师母对后辈的关怀，使我感谢欣慰无已。忆及饶宗颐老师亦曾到会一二次，并有合照。今费公贤伉俪早已往生，钱、费两师往来函件必多，不知现存何处。所幸钱师此函，言简意赅，书法又稳健遒劲，笔力万钧，可谓钱师遗墨中之珍品。

一九八〇年钱穆（右）与费子彬（中）及蒋君辉（左）摄于台北素书楼。

264

誊正

叶龙同学如面：

前后已二次接读来书，承远道相念，极为感慰。三月九日一书，备述最近努力读书教课事，更感欣慰。古人云，教学相长，能认真教课，自己学问自能随之增进，并在此进程中，自己能感到一种愉快与欢乐，学生方面与同事方面自能日增其信仰，如是内外相引，自然更使自己奋发，所谓为人与做学问一以贯

265

之，可即从此体验。最近能精读姚纂，先从昌黎入门，依次可读柳欧王曾四家，然后再读苏氏父子，读各该诸家之诗文时，如能参读其年谱及后人之评注更佳。在新亚及孟氏图书馆中当可借得。读过姚纂，则曾钞已得其半，即从此两书入门，亦是学问一大道。惟望能持之以恒，不倦不懈，不到一两年即可确立一基础，至盼循此努力为要。《曾文正公家训》及《求阙斋读书录》及《鸣原堂论文》等，在《曾文正公全集》中，盼加浏览，必能与最近弟之功夫有相得之启悟也。于读文之外，并盼同时能读诗，主要可依曾文正《十八家诗钞》所选，先就爱读者择其一二家读之，读完了一二家，便可再选一二家，以先读完此十八家为主。最少亦得读完十家上下，每日只须读几首，勿求急，勿贪多，日积月累，沉潜浸渍，读诗如此，读文亦然，从容玩味，所得始深，切记切记。

弟最近去某校教课，借此得一练习机会，亦甚有益，惟为学必先有一种超世绝俗之想，弟性情忠厚，可以深入，因诗文皆本原于性情也。唯其求深入，最先必须有超世绝俗之想。当知真性情与超世绝俗并非两条道路，若无真性情而求超世绝俗，则成为怪人；若不能超世绝俗，而只有此一番性情，亦终不免为俗人。从来能文能诗，无不抱有超世绝俗之高致，弟于读文时试从此方面细求之，若于此有得，则志气日长，见识日远，而性情亦日能真挚而醇笃。文学之一方面为艺术，其又一方面为道德，非有艺术心胸，非有道德修养，则不能窥文学之高处，必读其文如想见其人，精神笑貌，如在目前，则进步亦自不可限量矣。此后读书有得，仍盼随时来信。穆虽远在海

266

外，然对弟等学问进修，闻之实深欣快。极盼能在再见面时，弟之气度心胸学问识趣，能卓然有所树立，能与前时相叙判若两人，此非不可能之事。真能潜心向学，自可有此境界，真能觅得道路，则达此境界亦殊非难事，必在自己心中感到有此一境界，则自此向前，始是学问之坦途，真可日新月异，脱胎换骨。如是则真成了一个学者，在己可有无上满足，而对人亦自可有无上贡献。此等话绝非空言之即是，须自己真修实践，于痛下功夫后实实体验，始确知其如此。学诗学文，亦仅有循此道路。今弟正在读韩（愈）文，细诵其教人为文，何一语非教人做人乎？何一语非超世绝俗者而能道出乎？学文即是学道，此乃唯一正路也。匆匆即询

近好

穆白

一九六〇年三月廿二日

按语

　　我自一九五九年于新亚研究所毕业后，钱师知九龙协同中学要聘我。钱师说："你去中学教，可得些经验，而且教学相长，也是好事。将来仍有机会回新亚的。"一九六〇年三月初，我在协同任教，知钱师伉俪在美国耶鲁大学讲学，我便致函老师问安并顺告我协同教书及闲时学习的近况，想不到使我喜出望外地获得钱师逾千字的复书。老师在百忙中作此长函，信中详细指导我如何研读中国文学，不但指导我，而且还教诲我、勉励我、称许我，又盼我要有艺术心

胸，又要培育道德修养。我有此贤师，一生可以无憾矣。这可以说是钱师给我最重要的一封手札，后辈爱好中国文学的青年朋友，都值得参考，俾便从中获得启发和益处。我读研究所时，我的论文是《孟荀教育思想比较》，黄开华兄的是《明代土司制度》，李明光兄的是《先秦寓言研究》，由研究所所务会议决定，由钱师指导；牟润孙教授则指导王俊儒、周卓怀、尚重濂、赵效宣兄等五六位；唐君毅教授则指导李杜及韩籍朴胜润君两位，朴君不久退学。[1]顺笔一提，当时研究所之指导教授，规定每指导一名研究生，可每月发给二百元薪酬。此事可造成指导研究生多寡而月薪有所差异，而每年招生往往是投考文史者多而哲学者少，致使唐君毅教授不满，而向钱穆所长投诉。此后，钱师遂将指导费取消。此事由钱师曾向刘百闵教授谈及而转告于我，亦算一逸事。此举可能于牟润孙教授有所不悦，惟未有所闻。

1.黄开华、李明光、王俊儒、周卓怀、尚重濂、赵效宣、李杜及朴胜润全是一九五七年秋投考新亚研究所被录取的研究生。黄开华后来担任新亚中文系高级导师；至于王俊儒则于一九六一年秋与笔者并王兆麟三位同时参加招聘考试，获选为新亚中文系兼任讲师，而于一九六八年夏，我与兆麟被裁员。而李杜则于一九五九年毕业，即获聘任哲学系专任讲师，为历届毕业研究生中升迁最快者。例如唐端正学长，于一九五五年毕业于新亚研究所，此时我就读新亚大三年级，记得是年我选修钱师"庄子"一课时，钱师曾请其校阅我的课堂笔记，已相当于助教。但直至一九六六年秋，唐君毅教授始聘任其为哲学系专任讲师，距其毕业已有十一年。

叶龙（左一）与钱师一九五九年七月于新亚研究所毕业礼上之合照。

誊正

叶龙老弟:

  上月杪一信已到。唱片幸勿付邮,恐受检查;倘有人亲携,较方便耳!但非得便,亦勿轻易麻烦他人为是。匆复即颂

近祺

穆启   九月五日

按语[1]

　　此信钱师书于一九六四年辞职新亚后。钱师于一九六七年返台定居，该年暑假我赴台拜谒钱师，谈及在香港或深圳可以买到内地新发行的京剧唱片。老师一向喜好听传统的京剧戏曲。如梅兰芳、程砚秋、马连良、周信芳、金少山、袁世海[2]等诸名家唱腔，向为师所喜爱。于是我准备返港后购买唱片寄台。钱师嘱我"幸勿付邮"。

1.编者注：此"按语"有删节。

2.梅兰芳、程砚秋、马连良、周信芳、金少山、袁世海：均为二十世纪中国之京剧著名表演艺术家。

誊正

叶龙吾弟如面：

日前邝利安、麦耀文来台，送来弟所赠派克笔一对，远道相赠，至感美意，而弟顷在经济困乏中，尚然惠此珍贵之礼，实使穆受之不安。适因感冒初愈，颇觉疲倦。随后冗杂迭至，故至今始复，尚乞谅之。又初意欲俟将弟誊来笔记一并改定，再以寄出。今恐弟远念，笔记俟下函再寄，先复此函。邝麦两君来，

邝君因家无累，尚可安心；麦君因此间待遇低，又一家妻儿多增萦念，不知稍后能心境略转否。专此复颂近祺，并问阖家安好

穆启　圣诞前一日

内人嘱笔问好

笔记改本还是附入寄上。

按语

  钱师此函是写于邝利安、麦耀文两校友去台北文化学院任教那一年，约为二十世纪六十年代，大约是一九六〇或六一年，他们两位均由钱师推荐而成事。同一年钱师还推荐金中枢兄去台南成功大学，三位似都是担任讲师，后来情况颇有改变。记得一九六八年我去台南看望中枢兄，他托我回台北时面恳钱师再设法调他回新亚。钱师闻后心感烦躁不悦，因钱师当时已明知新亚不会听他的意见。但数年后，钱师感到中枢兄妻儿均在香港，一家两地分散，有所不便，且那时中枢兄已荣升教授，钱师亦乐意推荐中枢兄再回新亚，不料，果遭新亚拒绝。当时钱师颇有微词，叹息道："曾经担任过十多年的校长，现在连介绍一名小小的讲师都被拒绝，况且金中枢是研究宋史卓有成就的校友，真无奈。"至于邝利安兄，他不满于讲师职位，坚欲以副教授上任，张晓峰董事长亦愿迁就邝意，惟钱师坚持不能破例，终于邝君以拒聘返港。那麦耀文兄则因台湾大专薪水低，妻儿居港多增萦念，不出钱师所料，一年后便离台移民美国。

  钱师介绍三位成绩良好的校友赴台任教，其过程

273

都不算顺遂。但钱师恐我心存埋怨，我去台北时曾当面委婉解释不推荐我去台北任教的原因，因担心我儿女多而年幼，有家累。我亦谅解老师的心意，并不介意。但老师经此一役，推荐之心应受影响。可能我有所不知，他老人家仍百荐不疲。不过我某次听师说过：“一个人自己有学问有能力，自然有人会来请你，何必要人推荐，又何必一定要在自己母校服务呢！”钱师本身就是一个绝好的例子，他青年时期教小学教中学，当他撰写的论文发表时，北京几所名大学争相聘请他。他初受聘于燕京大学，但不习惯该校的洋作风，顾颉刚教授对他说：“你不教燕大，别的大学会来请你的。”果然，后来北京大学聘请他，同时北大当局破例准他兼教三所大学（可能是清华、燕京及师大三校）。接受兼职是因为难以推辞，钱师可绝对不是为了多赚点薪金。当年钱师艰苦创办新亚时，香港大学中文系林仰山[1]主任曾多次请他去任教，都为他坚拒。而钱师推荐刘百闵教授和罗香林教授作为代替，不为优职高薪所动。后来林主任请他兼一门课，他也拒绝了。

1.林仰山：英籍学者。幼年在山东长大，学得一手好中文，后任职香港大学中文系系主任。

叶龙吾弟：

　　十五日来书已到，所记多条已逐条改易数字，试细玩之，自可知写短篇札记亦殊不易。盼细加寻索，

275

此后若络续写来，当为络续改正。惟不日迁居，此后来书，可寄台北信箱22733。余不一，专此顺询

近好

穆启　二十二日

按语[1]

　　钱师回复此函已是一九六七年或六八年之时。记得早前我曾在老师历年讲课笔记中，发现老师不少临时突发的感想语，有的是一时灵感涌出而得的真知灼见，有的则是老师胸中积累多年学术文化方面的结论，都值得整理出来，辑成一小册，时加诵读，必将有益于治学。但老师恐时隔久远，不易写得好。及接此函，知老师已逐条改正我所寄呈的十余条，并鼓励我络续写去，当为络续改正，内心深感欣慰。老师告之下次通讯之新地址是改用台北信箱，不过来信原稿，先是写"台北外双溪东吴大学内东侧"，老师考虑到恐未能准期迁入外双溪新居，故改为先用信箱，这又是老师办事细心和考虑周详之处！

　　钱师自新亚辞职后，曾赴马来亚吉隆坡一大学，任教八个月，本来该校想请钱师长期担任高职，但师因水土不服婉拒，最后决定返台定居。中国文化大学创办人张其昀晓峰先生聘请他担任研究所博、硕士班研究生导师，每周末下午学生到师府上听课；同时，台北"故宫博物院"请他每天上午做研究工作，两处均是每月薄酬一万元台币而已。

1.编者注：此"按语"有删节。

台北素书楼外貌。

　　不久，钱师伉俪入住新居，由于是石屎森林地区，住户密集，空气闷热。钱师日夜吵着要搬回外双溪，事实上，钱师已不清楚当时实际情况。不过，外双溪的素书楼并没有被市政府收回，后来改为"钱穆先生纪念馆"。不幸的是，钱师入住新址一个月左右便与世长辞了，此时正是一九九〇年八月三十日。国人失一大师，深感悲痛莫名。

"钱穆先生纪念馆"中的钱穆铜像。

誊正

叶龙老弟如晤：

　　此次得获晤面，见弟神色尚佳，未为遭逆所摧抑，深以为喜。盼自求进益，有短当戒，有长当勉，人事时在变易中，惟贵能自有把握，则目前小小得失，终不足以限弟之前途也。归后得弟书，关于前寄

279

笔记稿，久已改过，而忘未付邮，今不知放何处，俟
检出即当寄回，勿念。匆此顺询
近况

穆启　十五日
以后来稿请用薄纸单面，俾易装入航空信封内。

按语

　　钱师此函当在一九六八年时寄来，惟不知钱师自
何处外游返台北。主要是告知"讲学粹语"稿改后忘
记付邮，检出后即当寄回。老师之办事认真可知。

　　函中嘱"以后来稿请用薄纸单面，俾易装入航空
信封内"，此两行字并非用毛笔写，而是用原子笔写
在背面。我将之影印后贴在同一面，更见老师为人之
细心。

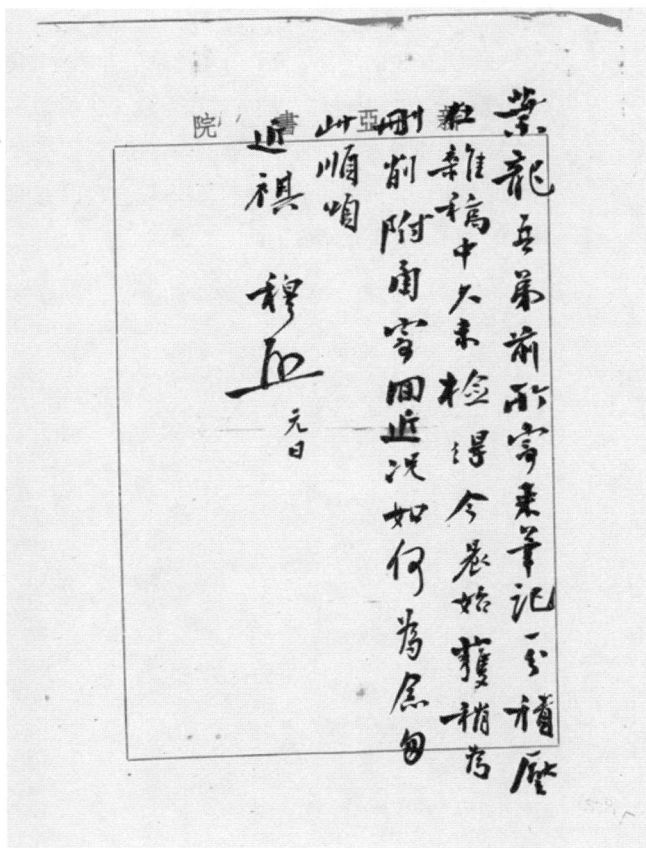

誊正

叶龙吾弟：

　　前所寄来笔记一份，积压在杂稿中，久未检得，今晨始获，稍为删削，附函寄回。近况如何？为念，匆此顺颂

近祺

　　　　　　　　　　　　　穆启　元日

按语

　　钱师此函说的当是一九六八年前来信告之的"稿久已改过，而忘未付邮"的"粹语"稿（见前信）。师在检出后重看一次，再稍作删削而寄还予我，足见老师的办事认真负责。信中还问及我近况如何，老师对我的关怀，我更是感念不已。

葉龍老弟大鑒 来書已悉，穆連日壓至今

如昨尚未告痊 惟 第若字筆記書仍

請代為曾目册寫正 至於題籤不欲下筆

其意之諒 甚浮問

近祺 穆

一月廿五日

283

誊正

叶龙老弟大鉴：

　　来书已悉。穆患血压，至今如昨，尚未告痊。惟弟若寄笔记来，仍当代为过目删正。至于题笺，不欲下笔，其意乞谅。专此复问

近祺

穆启　一月廿五日

按语

　　钱师此函可能发自一九七一年间。一向知道师患胃疾，今又知师有高血压症。记得钱师在一九六四年初辞职新亚后，仍隐居沙田和风台一段时间。某日我去看望他，适师母返台北外家，亦不见有佣工服侍，师卧病床上，状甚痛苦，见我便急嘱曰："你赶快替我去打个电报，请师母速回香港。"终于师母在二十四小时内返港，照顾有人，我亦松了一口气。

　　至于钱师此函中，仍念念不忘他在病中愿意"过目删正"我陆续寄给他的"讲学粹语"，可见钱师为人的认真，并对我寄他的讲稿相当重视。师虽欢迎我继续寻索讲课笔记，但我早前曾建议将来如能编集成书，拟定书名为《钱穆老师讲学粹语》，却遭老师婉拒题笺。此函中师又再次拒绝说："至于题笺，不欲下笔。"这是钱师为人之谦厚，认为题笺作为书名，乃后辈之事。老师只认为是他的讲学札记而已。

　　老师在历年讲课中，灵感骤发时随口讲出这些宝贵见解，以后不复重述。我辈青年后学，有心研究国学的，如能循此其中数则粹语，跟进钻研，必

可写成上佳之论文。这绝不是我信口雌黄，且让我举例说明之。

当我一九六七年重读历史系学位时，曾修读全汉升[1]老师"中国经济史"及"中国近代经济史"两门课，全师当时任新亚研究所所长，他是现代中国经济史权威。我曾为文数千字，介绍全师的学术创见与贡献。某次我在九龙马头围道巴士站等车，适全师也在等车，我顺便问道："全老师，你上北大时，钱穆老师是否在北大任教？你听过他的课吗？"全师答道："我同钱先生是同一天进北大的。我是新生，钱先生以副教授受聘于北大历史系。我修读过钱先生两门课，'中国通史'和'中国近三百年学术史'。"此时我才恍然大悟，全师讲述"中国经济史"的其中一个重要论点，很可能是从钱师《国史大纲》中提到中国南方与北方经济不同的那一节受到了启发，从而深入研究，再加以扩大发挥，并提出自己的发明创见，全师终于成为中国经济史的权威。

记得一九九〇年钱师九十六高龄归道山那年，一位华裔美籍名教授[2]曾说（大意如此）："如果我们能细读钱师的《国史大纲》，必可从中寻索到一百条博士论文的题目。"那么，"讲学粹语"亦是钱师一条条的心血结晶，值得我们后辈参考研读，不可忽视其价值也。

再举一例，钱师在粹语中有一则说：《庄子》一书最难读。我人如能读通《庄子》一书，则任何有关

1.全汉升：广东人，为中国经济史权威。来港后任中大新亚历史系教授，退休后转任新亚研究所所长，最后定居台北，至九十岁病逝。

2.记得钱师病逝后不数日，有旅美讲学之许倬云教授在台北发表悼念钱师专文。该文提及钱师所著《国史大纲》中可以找到写一百篇博士论文的题目。

经史子集的古籍，便易于读懂了。"其实"《庄子》最难读"一句，说来似容易，但要读遍很多古籍，才能得出这个结论，让我们有心向学的，得到一个清晰的指引。

钱师又明确指出，读《庄子》要与读其他古籍般读前人的注，钱师特别提出必读的两本《庄子注》，就是魏晋的郭象注及清儒王先谦的《庄子集解》。当然我们也得读其他的注，那就更好。但郭、王两位解释《庄子》，则绝不可少。这无异于我们如在黑夜的大海中航行时，正好前头有一座灯塔在指引我们，以免做学问走错方向，浪费光阴与精力。

讲到这里，不得不提到钱师还著有《庄子纂笺》一书。他并未提及叫我们参考，这又是老师的谦虚。记得新亚董事兼图书馆馆长沈燕谋先生曾说："钱先生的《庄子纂笺》，撰写时用参考书逾百种（钱师自道是三百种）。他荟萃诸家，网罗群言，且兼顾义理、考据与辞章，阐述庄子，鞭辟入里，值得一读。"此书钱师撰述于一九四五年抗日战争胜利后，于任教无锡江南大学文学院院长时成书，携稿来港，因阮囊羞涩，未能出版。后由沈燕谋先生于二十世纪五十年代为斥资出版，后来钱师璧还书款。当时文学院的同学，多数人手一册，读之益知老师用心之深。

誊正

叶龙老弟如晤：

接信知终于离婚，深为惋怅。岭南推荐证明书，
兹另缮一纸寄上。惟此等事，成否不可知，只当作姑
一试试看。弟屡遭挫折，一切盼善自反省，彻底从新
做人，则决非境遇所能限耳！匆复即询
近祺

穆启　四月廿七日

287

附：钱穆老师亲笔推荐证明书

誊正

　　叶龙君前在新亚研究所相从有年（一九五三年起），并兼任新亚中文系课程有年（一九六一至六八年），专治桐城派古文，教课亦得学生信受，特为推荐。

　　　　　　　　　钱穆　一九七二年四月

288

按语

钱师为我一九七一年离婚之事深感惋怅。确实我应该深切反省，如果那时期我多一些陪伴家人，少一些去做兼职，是可以维系一个和谐温馨家庭的。至于老师提及我的"屡遭挫折"，主要是指一九六八年时，当时吴俊升[1]校长以"削减兼任教师"的名义，把中文系的我与王兆麟[2]和艺术系的吴因明[3]三位兼任讲师同期解聘了。内情是一九六六年时唐君毅教授没有让我重读中大的硕士学位，而造成阻滞。因唐氏赴美度假，本来由谢幼伟教授以代理哲学系系主任批准我办好学籍，并为我拟定《孟子的哲学及其文学》作为硕士论文题目。亦早在半年前于中大教务处办妥一切注册手续。快将完成三门选修课、一门英文必修课及论文时，唐氏返港后竟将我重读硕士的学籍取消，实在是于法不合于理不妥。当时虽有中大李卓敏校长的劝说协助，亦被拒绝。此事实非我力能控制的意外"挫折"。于是我便在新亚附近新开办的圣母院书院获得教职。而兆麟兄则由钱师母胡美琦女士介绍至圣保禄中学任教。兆麟兄转职苏庆彬[4]兄《七十自传》中有提及[5]。

1.吴俊升：江苏如皋人，受钱穆院长邀请来新亚担任副院长。钱穆院长于一九六四年辞去院长、所长职务后，终由吴俊升接替。至于新亚研究所所长一职，则由吴院长让哲学系系主任唐君毅教授兼任之。吴、唐及潘重规教授均为南京中央大学前后期校友。潘氏原为中文系系主任，后来曾担任文学院院长。

2.王兆麟：新亚校友，与王俊儒及笔者三位于一九六一年秋同为新亚中文系兼任讲师。

3.吴因明：新亚艺术系所聘之兼任讲师。后与王兆麟及笔者同于一九六八年夏被裁员。

4.苏庆彬：新亚历史系早期校友。一九七二年秋，蒙孙国栋主任邀请来新亚担任专任讲师。至于苏兄原任岭南历史系讲师一职，则在该校韦基球校监同意下，由笔者接替之，笔者并兼任该校助理训导长。

5.兆麟兄亦常为钱穆老师的公开讲演担任记录。

记得一九六八年时，我曾投书应征岭南书院文史系教职，但未获回音。

　　所幸于一九七二年五月时，我用钱师的上述推荐书，影印了一份，附以履历表及应征函，再寄去岭南一试，竟然事成了。事有凑巧，二十世纪六十年代中期，胡咏超、苏庆彬两位学长在何格恩教授推荐下，早在岭南文史系任教。但一九七二年夏，新亚历史系孙国栋主任邀请苏庆彬兄去新亚任教，岭南校监韦基球先生面告苏兄，应找到一位替身才许离任。于是苏兄介绍数位友人接替，均不获韦校监接受。韦先生此时想起了我的应征信。他对苏兄说起我的应征函书法好，想请我接替苏兄。当时，苏兄十分辛苦才找到我。我正隐居在一所深水埗津小任教，闻此消息，使我一则以喜，一则以忧。喜的是又可回去教大专，此后前程自又不同；忧的是好友招颂恩兄把我从僻远的大埔沙螺洞小学调到深水埗的津小，虽然这份教席是由崇正及信义等三所小学合成一份全职，但总算回到市区来了。并且数月后信义小学有一空缺，该校李丽仁校长又认同我的工作表现，聘我为专任。但任教仅数月，又说要走，实在过意不去；结果还是去了岭南，感到非常内疚。

　　再谈到我此次应征岭南成事，虽然是韦基球校监说我书法好，其实也不尽然。不然，一九六八年那次应征，我的书法也不差吧！说实在的，应该是钱穆老师的推荐信发生了很大的效力，使我能在一九七二年秋重新进入大专任教。当年是麦太吴玉洲女士任校长，不但聘我为文史系专任讲师，还要我担任一年级新生主任，又兼助理训导长。据云训导长因病不能

290

返校。到翌年麦太退休，接班的是黄丽文校长，他亦很欣赏我的工作能力。可惜怪我多事，因一位同学没有上我的大一国文课，我说了他几句，语气虽十分温和，却得罪了他，他竟向系主任"笃了我的背脊"。这位系主任向来欠缺雅量，不知用何理由让校方把我解聘了。这样大的委屈，我竟没有向韦基球先生解释，至今颇觉不智。

几年以后，我在一书店中翻看一本李君新出的哲学书，他任教中大哲学系，是牟宗三教授在他毕业后提拔他任职讲师。但李君在该书自序中坦言，他选修牟教授的课，却从来没有去上课，牟教授对学生不听课毫不介意，仍尽心竭力地提拔他。牟教授也曾为在新亚哲学系做了十多年助教的郑力为校友说项，请唐君毅教授升迁他一下，结果不成事。再回想我自己的无知，大学生不上课是平常事，不理可也。

记得唐教授取消我重读中大硕士，李卓敏校长曾为文替我向三位文、史、哲系主任关说，请三位中的一位让我可以完成重读硕士学位。李校长协助我的信件，我仍保留至今，虽然为德不卒，我仍十分感激他对后辈的关爱。

誊正

叶龙老弟大鉴：

上月得来信，报告近况甚详，极以为慰，当时适以事冗，未能即复，想劳悬念。此下得闲，盼时来音讯，惟不能时时得复，此层幸谅。岁除已过，草此数行。顺颂

年禧

穆启　一月廿一日

按语

钱师给我的二十多封信函（有的散放于杂稿中，因多次搬迁，已有数封遗失），信肉取出影印时，拆离了信封。一九七二年秋冬之际，我函告老师，已在岭南文史系任教，兼感谢他的推荐[1]。钱师于一九七三年一月廿一日复函，信末又因迟寄了十天而加以细心

---

1. 笔者于一九六八年钱师为笔者写推荐信时，曾函寄岭南应征，但当时无空缺。至一九七二年，苏庆彬辞职，韦校监遂坚邀本人接替苏兄之职位。

292

注明。老师获知我任教岭南，极为欣慰。钱师在我失意时，为我担心而安慰之。我的想法不对时，老师教训我并督促我改正。当我失去重读中大硕士的机会时，他向港大中文系的罗慷烈教授及马蒙系主任以信函及口头多次关说，终于完成了我的心愿。钱师不但是我的严师，也是我的慈父。

誊正

叶龙老弟大鉴：

读来书，波折殊出意外，甚为悬念。此间各大学研究生硕士博士，每年均依法考试入学，与数年前大为不同。有意来台，事甚不易。倘去港大，理应一访罗先生，惟穆已在数年前介绍，断无再须由穆先去函之理，弟尽可前往自作申述。寄来讲学粹语，俟阅后再决定，恐亦不易有握把也。专此复询

近祺

　　　　　　　　　　　　　　　穆启　廿八日

按语

钱师此函在一九七四年寄出，他老人家仍关心我的硕士问题。我既已放弃一九六五年时张其昀晓峰董事长准我可免考入读文化大学的博士学位，接着中大

的攻读硕士又受阻，岭南的讲师两年后又不被续聘。（理由见前函按语。）

　　二十世纪六十年代时，钱师三次向罗慷烈师关说让我去港大读硕士，但当时马蒙系主任回复，如要选读修课程的硕士尚有空位（但不能再读博士），不必选课单写论文的硕士学位则暂无空缺。此函钱师要我面谒慷烈师申述。后来，我面请岭南黄丽文校长函请其胞弟黄丽松校长准我入读。还是黄丽文校长通情达理，他直接函马蒙主任，因此顺利成事。我获硕士学位两年后，又请黄丽文校长函请马主任准我攻读博士，又获批准。时慷烈师即将退休，为我安排由何沛雄教授做指导教授，终于能圆满成事。

　　钱师此函中又提及我整理讲学粹语之事，担心我写不好，嘱我试写几则再做决定，另函已有详述。

誊正

叶龙老弟大鉴：

　　先后寄来书函照片均已收到，未及早复为歉。张延生医师名片留待十一月钱易来台，当嘱其返京后打听。承弟花费不少时间，搜集中医中药等资料，盛情极感。惟宾四多年来服食膏子药，每日两次，分量已不少，似不宜再另加中药。琦平日甚少服药，寄来药方或可留备不时之需。专此函谢。

　　顺颂

时祺

钱胡美琦谨启

九月七日

296

按语

这是钱师母胡美琦女士于一九八六年九月写给我的信,不幸阅报哀闻师母于二○一二年三月二十六日病逝于台北寓所时,尤感此函之珍贵。得知师母享年八十三岁,亦称高寿。

此时由于钱师年逾九旬,不但患有胃病、高血压等宿疾,可能还有不少老年并发症,幸有师母悉心服侍调理,然老年病患不易快速痊愈。适该年我参加内地及香港中医在港召开的国医国药讨论会,获得不少有关中医药的宝贵资料,尤其是讨得内地张延生名医的名片,便把这些资料寄给师母,以便为钱师作医治及调养之用。师母亦不吝复函。借此函得知钱师亦常服食中药调理病弱之身,得能获致九十六岁高寿。借知中医之值得重视。中国文化中之医药板块,其伟大之价值自此可见。

一九七一年六月，钱师与师母胡美琦女士自台北来港参加新亚书院庆典，与校友合影。此照片由前中大教育学院教务长夏仁山（前排右一）借出。

第三部分
钱穆报道文章

我们的家长——钱穆先生

（原文撰于一九五四年）

　　如果你经常留心报章杂志的话，你就会知道有一位中外共同赞扬的史学家，他正矗立于中国学术界，放出了奇异耀眼的光彩。早年北京大学所开的一门最叫座的"中国通史"，就是他主讲的。有人说，我国近代文化界自学成功的有两位，一位是王云五[1]先生，还有一位就是他。他不是别人，就是我们新亚的家长——钱穆先生。钱先生没有进过大学，也没有出过洋，可是钱先生的治学，正如张自铭先生所说，是"戛戛独造，一无傍依，遂成极诣，而融贯中外，直凑单微，又迥非抱残守缺者可比……钱先生提倡中国文化精神，其学说有人颂之为'钱穆型'，可见影响我国人心之大"。

· 治学精深广博　学不倦教不厌

　　有人尊称钱先生为史学权威或国学大师，是的，这称号在钱先生来说是当之无愧的，并且已成为当世的定论了。但是如果要依实拟名的话，却是很不易的。因为钱先生治学不但精，而且又广博。他对古今中外的历史、哲学、文学、艺术、宗教、经济、军事、政治、地理等均有深湛的认识与独特的见解，要用一个适当的名字尊称他，实在很难，真是博学而无所成名[2]。

1.王云五：近代自学成功的一位学者，后来加入商务印书馆，共同发扬出版事业。
2.记得一九五三年时，钱师在课堂上讲"中国经济史"时谈及，他说："我于中国文化，什么都懂一点，就是对'法律'是门外汉，使我颇感遗憾。"可见钱师是一位全能的学者。

梁寒操[1]先生誉钱先生为"中国的瑰宝"，才是很妥当。正因为钱先生自身的学识渊博而精通，他期望他的学生要眼光放得远大，先重通识，再求专长，要把自己培养成完人，才有伟大的前途。

钱先生是一个学不倦教不厌的人。一九一一年，钱先生就担任小学教师了，由小学而中学而大学，四十年来，他一直没有离开过教书匠的粉笔生涯。他曾说过："我过去是教书，现在也是教书，将来还是教书。"[2]孟子说："得天下英才而教育之，三乐也。"钱先生把培育后辈青年视为最神圣的事业，将所获得的知识财宝白白赐给学生，却不指望得什么酬报。这正是他老人家内心一种高度的享受和满足呀！

记得欢送梁寒操师赴台时，钱先生在其纪念册上题了"春风同坐，教泽长流"八个字。其实这两句话送给钱先生自己也是恰到好处。孟子说："分人以财谓之惠，教人以善谓之忠，为天下得人谓之仁。"这三样，钱先生已兼而有之了。

新亚同学曾从不同的角度，描写过钱先生。

·钱师桃李满门　多角度述先师

钱先生究竟是怎样一位学者呢？描写他的文章可多哩！今摘录几段如下，让大家对钱先生可以有一个清楚的认识。

其中杨远[3]同学说："他经常穿着一件蓝色的长袍，很少穿西装……中等身材，在不算胖也不算瘦的面颊上，常架着一

1.梁寒操：广东高要人，号均默。新亚创办之初，任教"中文各体文习作""公民"等课目。一九五三至五四年间，笔者曾修习上述两课目。

2.钱穆宾四师自新亚辞职后，定居台北时，受张其昀晓峰先生礼聘，担任文化大学研究所博、硕士生指导教授，每周末下午讲课，直至九十二岁。

3.杨远：新亚文史系早期校友，曾担任《大学生活》等编辑，亦曾担任九龙调景岭时期之信义中学校长，惜英年早逝，年未逾六十而病故。

副近视镜……他那谦逊和蔼的态度，使人不敢相信他就是鼎鼎大名的学者……"

艾一君说："我们的院长个子并不高，身体也说不上胖。夏天他爱穿一套白丝绸的衫裤，出去时，就套上一件灰绸子的大褂儿。冬天，他穿的是为我们全校同学所熟悉的那件蓝棉袍。至于西装，他只偶尔穿那么一两次……他述说目前青年对历史观点的错误。他说得是那么幽默而激昂，一阵阵的笑声充满了教室。但笑过了之后，我们细细地回味着他的话，是如此的沉痛，同学们的眼圈红了。"

"钱先生讲的中国历史简直会把你的耳油都听出来。你真要稀奇他怎么装了一肚子的历史。不过，上钱先生的课，千万别坐在第一排。因为他讲书时，喜欢在讲台上踱来踱去，你的视线被吸引在他的脸上，于是你的身子可就跟着他的转动不停。这样呀……一个钟头听下来，你就会突然发觉到脖子又酸又累。我可是有这个经验的……怎么？你以为钱先生很凶？那可不对，只要你循规蹈矩，他绝不会发脾气。他总是架着近视眼镜，红润的脸庞常露着慈祥的笑容。"这是沁蕊君说的。

现在再引一段文风君的话，他说："钱先生是个身材矮小的人，却显得十分结实，红红的脸庞，带着两只永远精神焕发的眼睛。他的仪态使人感到和蔼可亲，却又感到肃然起敬。他是一个富有人生情趣的人，常常和同学在一块儿谈天，即使是青年的爱情问题，他也可以和我们谈出劲儿来。然而，当提起当前民族的忧难、人类的危机时，他的表情便马上呈现出内心的沉重……钱先生在讲学的时候，全神贯注，有声有色。如讲《庄子·逍遥游》一篇时，他所表现的姿态与神情，真是大鹏逍遥于空际之气象，扮演之贴切逼真，使人的心绪也随之而遨游……在登山旅行中，钱先生常常是健步如飞地跑在前头的。他有时还换上游泳裤和我们一同下水哩！"

当我首日到新亚见到钱先生的第一瞥时，他给我的印象是：一个不高而结实的身材，精神饱满，面色红润，眉毛长得特别长，目光慈祥而带有威严。记得那一次好像也是穿着蓝色的长袍吧！白斜布的内衣领子，高出外面那件蓝棉袍的衣领几达一倍，我当时心里忖着："是怕外面的棉袍领子会沾上肮脏吧！"过后我又认为这种想法错误。

"一个能够活到高龄的老人，他一定是一个了不起的人物。"钱先生曾这样说，也正在这样做。他的生活很有规律，每天早晨和傍晚总要出去散步一回，中午必作小憩，并且每天还操练太极拳呢！晚上睡时要求四周静寂并且不见到光。可是最近在太子道的住所正违背了这两个原则，马路上的隆隆巴士声响彻深夜，很不凑巧地，发出强烈白光的街灯又正对着他住所的窗口。幸而他老人家现在已能习惯于这种非常环境了。钱先生曾看过一些关于养生长寿之道的书，并且有些也照着实行，因此他的精神还是那么健旺，身体也还是那么结实；遗憾的是他的胃不很强健，由于操劳过度，钱先生曾数度患胃病，现在已经康复了。

钱先生娴于辞令，当他讲学时，抑扬顿挫的声调加上喜怒哀乐的神情，很能够引人入胜。每一堂课，总常常博得满座的笑声，有时也感动得使人流泪，因为钱先生对于古老的中华，有着说不出的情爱；对于深远的中国历史文化，更有着说不出的敬重。由于他以身作则的精神和所发挥的情绪教育，同学们充分地产生了对他的人格美的欣赏，并在品格学识上收到一种潜移默化的功效。说也可怪，只要是经钱先生口里讲出来的话，就连最普通的日常生活琐事，竟也变成一种动听的人生哲学了。

· 信中国不会亡　研中史具慧眼

可以说，中国历史是钱先生最亲密的伴侣。当初钱先生为要证明梁任公先生"中国不会亡"这句话，为了要知道我们的国家还有没有前途，我们的民族究竟还有没有将来，他在四十多年来不断地研究着中国历史，结果得出了一个结论说："我认为中国不仅不会亡，甚至我坚信我们的民族，还有其更是伟大光明的前途。证据何在呢？我敢说，我这一个判断，固然是挟着爱国家爱民族的情感成分，然而并不是纯情感的，而是经过我长期理智的检讨，而确实有其客观的证据的，这证据便是中国以往的历史。"钱先生认为，如果要研究世界人类的文化和世界人生以往一切经验的话，最宝贵的一部资料，就要推中国史。但是他又很感慨地说："论历史本身，中国最伟大；论历史记载，中国最高明。但论到历史知识，则在今天的中国人也可说最缺乏。"很多时候，我们不知道爱我们的祖国，我们对祖国没有温情与敬意，乃是由于我们不认识祖国的历史。所以钱先生常常呼吁国人应该知道以往中国的历史，不但要知道，而且还要对以往的中国历史有温情与敬意。

《刘向歆父子年谱》一书是钱先生最初的成名作，此书出版时，曾震动了中国学术界。他的著作等身，其中的《国史大纲》可以说是钱先生的代表作之一。在该书自序中钱先生记有一段话："一九三七年秋，卢沟桥倭难猝发，学校南迁，余藏平日讲通史笔记底稿数册于衣箱内，挟以俱行……余以是稿未毕，滞留蒙自，冀得清闲，可以构思。而九月间空袭之警报频来，所居与航空学校隔垣，每晨抱此稿出旷野，逾午乃返，大以为苦。"从这段逸事中足见钱先生对这部书的爱护和对中国历史之视如珍宝。

钱先生看中国历史独具慧眼，他讲解时往往发表前人所未曾阐述的精辟见解：他纠正古今学者对中国历史的错误认识和看法；他常常提出两个以上的论证来确定某一种古制度的存在是真的；对于历史上的古人或者一种政制的是非之论，他决不随声附和、人云亦云，他说，我们决不能以今人今日的地位来批判古人或古代政制的得失，乃要用客观的处在当时环境的立场来得出它的正确的结论。就以史前史来说，钱先生主张一面用遗下的器物来证明，一面也要以传统的追记来补充，因为传统与器物，这两者并不都是全可信，却也并不都是全不可信。他更反对有些人硬要将中国的历史勉强地塞入西洋历史的模型中去，中西的国情是完全不同的。由于钱先生兼通经史，所以他对中国历史有明确的观点和独到的见解。

· 不降著作水平　抵抗歪曲历史

不久以前，一位在日本研究东方文化的英国学者来香港拜访钱先生并请教问题，这位学者正在研读钱先生的著作《先秦诸子系年》一书。真的，中国数千年的宝贵历史文化，除了日本人早在研究以外，今日欧美人士也开始重视起来了。很不幸的是，国人今日对本国的历史文化竟如此的冷淡漠视，相信现在已经很少有人肯花时间来看钱先生著的如《中国近三百年学术史》《先秦诸子系年》这一类的学术论著了，现在的多数大学生连《国史大纲》也难于看懂。曾有人劝钱先生将《国史大纲》重新写一遍，使它语体化、简单化，钱先生认为这样做并不好，因为中国的历史不简单，自然也无法写得简单；至于太难，应由读者设法去提高阅读的能力，却不能使作者降低著作的水准呀！

有人说，钱先生偏爱中国的历史文化，认为西洋的都不如中国好。其实，钱先生之所以大声疾呼地要国人珍重爱护中国历史文化，一方面当然是由于中国的历史文化有其可爱伟大之处；同时也是因为有些人正在歪曲和摧残中国的历史文化，他们所做的是"长他人威风，灭自己志气"的愚蠢举动，以致把国人的民族自信心和自尊心都丧失完了。不过，在另一方面，钱先生也承认西洋的历史文化。

钱先生很喜观看京剧，除了欣赏京剧的动作舞蹈化、讲话音乐化、布景图画化外，特别称赏那富于代表性的剧情，虽然到后来总喜欢来个大团圆，但在这些平凡的剧情中已能表达出深刻的含义。至于京剧中的角色，来来去去总只有那几副脸谱，自然每一副简单的脸谱都能清楚地刻画出剧中人的身份和心地来，更是钱先生所欣赏不已的。

· **新亚的家长　为创办书院贡献**

这里得略述新亚的创办目的及其精神，因为钱先生与新亚是不可分的，他是新亚的家长，认识新亚也是帮助我们认识钱先生。新亚的旨趣是"上溯宋明书院讲学精神，旁采西欧大学导师制度，以人文主义之教育宗旨，沟通世界中西文化，为人类和平、社会幸福谋前途"。钱先生曾更深入地阐述创办新亚的目的，他说："我们的理想，认为中华民族当前的处境，无论如何黑暗与艰苦，在不久之将来，我们必会有复兴之前途，而中国民族之复兴，必然将在于中国民族意识之复兴，和对于中国民族以往历史文化传统之自信心的复活之一基础上。我们认为，要发扬此一信仰，获得国人之共信，其最重要之工作在教育。所以我们从内地来到这里，便立刻创办了这学校。……新亚精神乃不畏艰险为中国文化继往开来之精神。……我们新亚教育之理想，一向标榜说，是一种人文主义的教育之理想。人文主义也正面对种种人生的忧困而来，有了更多理想的人生，才会有理想的社会。"

新亚的前身是亚洲文商学院。张丕介[1]教授特别强调新亚有一种传统的武训[2]精神，他曾说："……改组为现在的新亚书院，但它的精神，它的旨趣，和它的事业理想，却因它的后身新亚书院的诞生，而被全部继承，并且继续发扬并见之于实际了……虽然新亚的物质条件会使大家失望，而教育家的精神和毅力，却赢得了这群青年的倾服。……这样一项艰苦奋斗的文化事业，证明它在精神上就是武训先生精神的再生。"

新亚在忧苦中诞生，在忧苦中成长，而且还继续在忧苦中前进着，正如校歌中说："手空空，无一物，路遥遥，无止境。"但是新亚有其独特的精神和崇高的理想，所以今天的新亚已渐渐为社会人士以及国际友邦所认识所了解了。

为了支持这个家——新亚，钱先生把私蓄拿出来了；并且他曾两度赴台讲学，为了筹款而劳碌奔走，希望能把新亚扶植起来。使人高兴的是，新亚从幼苗茁壮成长起来，今日已经开花结果了。钱先生曾对第二届的毕业同学说："我们学校虽因种种艰苦困难，没有善尽我们的责任，但至少，我们所要尽的最主要最基本的一个责任，我们算已尽到了。"

1.张丕介：新亚创校时的经济系主任，德国经济学博士。其弟子有杰出成就者如郭益耀、孙南、闽建蜀、陈建人、宋叙五诸君，均为大学之知名教授。

2.武训：清末民初之山东人，出身贫苦，以求乞身体力行而创办多所学校，因而闻名全国。

· 待学生如子女　缔造家庭温暖

　　钱先生对同学们是很关心爱护的，如同对待子女一般，所以大家称钱先生为家长不是没有理由的。这里有两件逸事记下来作证明：

　　"钱先生在当时真可谓是食宿均无定所的，有时就买些面包回来吃，也常常和我们一起吃。和我们一起吃时，他往往给我们钱买鲜虾来加菜，饭后也常请我们吃香蕉。一次，我因在外面教书，迟了回来，同学们也忘记留菜给我。钱先生也因为回来得较迟，自己加了些菜正在那里用膳，看见我回来，便把自己的菜分了一大半给我。我当时只觉得一阵家庭温暖。"（摘自《亚洲文商学院的回忆》——端正君。）

　　"大年初三，有八位同学去给钱先生拜年，他们都像对自己父亲一样，跪到地上叩头。这一来，弄得钱院长手脚无措，慌慌忙忙地，一个个把他们扶起来。谁知道这个头并不白叩，这八位同学硬要钱院长给'红包'，另外还要请看电影。老人家缠不过他们，样样都答应了，他们连蹦带跳地跑出了院长的寓所。"（摘自《新亚——我们的家》——菲君。）

　　怪不得菲君说："新亚的同学多是由内地而流落港九的，他们已四五年没有尝到'家'的滋味了，说来也奇怪，他们在香港竟有了'家'。"

　　这是新亚同学们的心声："新亚就是一个大家庭，师生之间弥漫着一股无比的温情。"诚然，可能有时候师生或同学之间在联系上或了解上还有欠缺的地方，但是这句话我们得承认呀！钱先生在去年的校庆典礼中就对同学们说："你们孤身在外，来到新亚，就像是来到你们的家了。"有什么还能比这句话更亲切、更关怀同学们呢！

"新亚的校风是好的，可是学风还嫌不够，大家不要单单听讲，也得在课外及自修多阅读。"这是钱先生常常劝告同学们的话，他希望今日的中国青年能够多学习一些祖国的历史文化。钱先生常常苦口婆心地劝我们青年对祖国的历史文化应该有起码的了解。去年青年节，钱先生在他发表的《敬告中国青年书》一文中说："中国是有着四五千年的长期优良文化传统、光荣历史积累的国家，但同时又是在近百年来外面受尽屈辱和压迫，内部不断动乱和灾祸的国家。但直到最近，这一个多灾多难的中国，依然在世界上有其举足轻重的地位，而成为多方重视的一个焦点……不容讳言，今日我们可爱的中国青年们，若许我坦白直率地说一句，对自己祖国的以往历史传统和文化精神是已模糊了，由于模糊而轻忽而误解了……可爱的中国青年们，可同情的我们眼前一群中国青年，我了解你们的责任，我更同情你们的处境。但我敢披肝沥胆，向你们说一句我所想说的话，无论如何，你们总该对祖国以往历史文化求有所了知，真有所了知呀！"这一段沉痛而恳切的话，是值得今日每一位青年有所警惕的。

· 勉励新亚同学　发扬中国道德

世界的和平和人类的幸福也是钱先生常常关心的话题，钱先生认为战争不能解决国际问题，原子弹和暴力地征服也绝不是谋求世界和平的捷径：我们只要看第一次世界大战以后，紧接着的就是第二次世界大战，不幸今日又是到处充满着火药气味。总之，战争与残杀不能使世界获致真正的统一与和平，唯有不嗜杀人的才能治理天下。钱先生又说："唯有实行中国的道义才可使世界和平，世界上任何一民族，没有能像中国这样大，这样久，这因中国往往在最艰苦的时候，能发挥出她的道德精神来挽救危机……中国以往文化精神正在此，以后的光明前途也在此。也唯有发扬中国的道德精神，才能挽救世界战争的危机，而趋向和平幸福的途径呀！"

"天地不老，时时在回春；人心不死，也会时时得新生。其最先生机，却在某几人乃至某一人的心……让这一粒粒新种，埋落在僻地，让它默默地，悠悠地，静悄悄，冷清清，像是柔软无力地，而终于这样地生长了。只待春风一到，这些便是大地的新生命。"这是钱先生对中国前途坚持盼望的一线永不绝息的希望，这希望也早成了他的信心了。但愿人们对祖国的历史文化有更多的认识，让这一个生机早日给大地带来新生命。必须有崇高的道德和阔大的胸襟，会运用手段，但也兼顾道义，这样，他才可以为全人类谋幸福，并为世界奠定永久和平的基础。

记得有一次张丕介教授对同学们说："我们的家长是发光体，同学们吸收了这光，先照亮自己，再照亮别人，好让世界的每一角落发出灿烂的光辉来。"同学们记住吧！

最后，让我们祝福我们的家长日臻健康，并为中华民族继往圣而兴绝学！

论天人合一：宾四先生的亲身领悟——记钱师最后一次讲学

（原刊于一九九〇年十月十六日台北"《中央日报》"）

一般来说，业师钱穆宾四先生正式告别杏坛的最后一次讲学是在一九八六年的六月九日，地点是在台北外双溪的素书楼，那时宾四师九十二岁。其实严格来说，一九八九年九月二十八日下午一时在香港九龙尖沙咀漆咸道的百乐酒店的一间套房里，相信才是宾四师真正的最后一次讲学。那次他老人家讲的是宇宙人生的大问题——天人问题，听众包括罗梦册[1]教授伉俪，校友有唐端正、梁思朴、刘若愚[2]和我，罗教授还带来了两三位当时新亚研究所的学生，何佑森[3]与逯耀东[4]两兄因事早走，但听老师讲的仍有八九位之多。讲题又是如此之重要，宾四师再三声明是他新近体会所得的新构思，一讲就是两小时。

· **人生最高真理是天人合一**

兹将宾四师所讲大要笔录如下：

我（钱穆）近来悟到了一个人生的最高真理，是以前所未曾想到的，现在来告诉各位。

我们是中国人。中国人常说修身、齐家、治国、平天下的道理。虽然欧洲的英国、法国，和亚洲的中国，都是同一

---

1. 罗梦册：知名哲学教授，初期亦任教于新亚哲教系，其夫人在罗教授病逝后曾任职新亚图书馆多年。

2. 唐端正、梁思朴、刘若愚：三位均为新亚早期毕业校友，唐、梁为哲教系毕业，刘君则为英文系。

3. 何佑森：毕业于台湾大学中文系，来新亚多年后曾赴哈佛大学深造两年，后返台大担任中文系教授，在台北时与钱师往来颇密。

4. 逯耀东：毕业于台大历史系。第二次来新亚后任历史系讲师，退休后返台，不久病故。

个"天"，但西洋各国与中国人看"天"却不相同。

人人都讲信仰，中国人最大的信仰是"普天之下，世界大同"。

我们每一个人都是"天"所生的。我们的父母自何处来，父母亦都是"天"所生的。"天"是我们共同之父。我们同坐在一室中，仰首望出窗外，或是出屋外散步，都涵盖在共同的"天"之下，大家有一共同的根源，即同一个"天"。

中国人讲治国平天下，中国人讲平等，与西洋的不同。西洋人以为："天生下人，法律之下，人人平等。"但与中国所讲的不同。我们中国人，人人均为"天"所生；父母亦为"天"所生。中国人常讲"天生"两个字。

"天、地、君、亲、师"为五伦。"天"与我们"人"也是一伦，我们"师生"亦是一伦，天人可合一。但西洋绝无"五伦"，最多只有"四伦"。西洋人说，"天生人"是特别的，造了亚当、夏娃到世上，繁殖了很多后裔，但只是讲信仰，却无证据。

中国人则不能没有信仰，人为"天"所生，即人为父母所生。父母又有父母，有家谱传下，可上溯至几千年前，最高处则为"天生"。

"天生德于予""天命之谓性"。我们中国人通常称"生命"为"性命"。"生命"是指肉体之生；"性"字为"忄"旁，"性命"指精神之生。中国人一生，其"生命"即为"性命"。古人有谓："苟全性命于乱世，不求闻达于诸侯。""性"是"天性"，"命"是"天命"，"人"是"天人"。大家同是"天生"的，大家有同一父亲。父即上帝，即"天"是大家共同的父亲，即属同一本家。人人均有"天性"，即含有"人为天生"之意。人讲平等，没有比这更平等的了；人讲自由，我为上帝所亲生，还有什么比这更自由呢！

讲平等、讲博爱的境界，要算中国人讲得最高了。因为西洋人要用道理来讲博爱，中国人则不必。

· 人生自天，是民族最高教训

"人生自天"，中国是全世界最大的宗教，亦为中华民族最高的教训。"天生民而立之君"，此为中国的最高宗教思想，亦为中国的最高宗教信仰。西洋人是没有的。英国人、法国人亦说"人由天生"，但西洋人是说"法律之前，人人平等""政治之前，人人平等"，中国人则直截了当地说"人天生是平等的"。故西洋人不及中国人说得那么圆融通透。

西洋人没有中国人所讲"天人合一"的信仰。人与人之间有交际，天与人之间有天人之际。正如司马迁说过："究天人之际，通古今之变。"从古到今，没有不变的。欧洲人、非洲人、亚洲人……均为"天生"的。但天如何能生人？人如何生？西洋人讲不清楚。但我们中国，"天生民而立之君"，已很明显地表达了人是"天生"的道理。

全世界任何一国家一种族的人都是"天生"的。人均是上帝所生，一律平等。中国人用"天生"两字极为普遍，极易明白。西洋人则不然。如将"天生"二字译成一百多种外国文字，亦仍然译不明，说不清。

诸位用一辈子光阴来研究一种学问——天文学，即中国古代的天文学[1]。"天"即吾人之父母，中国人最信仰"人为天生"的道理，此实为道地的中国文化。

1.钱师所指，殆即人有人文、天有天文之意。

我们应向普天下传讲，把中国三千年、四千年的传统文化一口气用一句话"人由天生"的道理讲述出来。

· 对历史文化存温情与敬意

钱师这两个小时的讲学，虽然间有重复的语句，但他的神采笑貌不减当年。记得二十九年前（一九六一年），宾四师在新亚时，应香港孟氏基金会之请，主持"中国历史研究法"专题讲座，一连八讲，每讲两小时。当时由笔者担任的记录还可追得上老师所讲的，但这一次记录似已有所不及：所记已遗其神髓，仅能存其形貌而已。但此次宾四师除了坐着讲，声音较前低沉以外，其浩浩荡荡如长河直泻般的思潮与敏捷的口才却比前并不逊色。但他毕竟是一位九十五岁的老人了，何以能发挥如此潜力？此无他，对中国历史文化存有的一份浓厚的"温情与敬意"在支持着他，不禁令人肃然起敬。

钱师此篇讲学稿笔录后存箧已将一年，由于疏懒，未加整理。今夏由台北返港，感老师遽尔仙游，遂翻寻此稿，以其为老师最后一章讲学，此讲又为老师特别强调晚年重要之心得。爰加整理成篇，商请于执教中文大学哲学系逾二十年之唐端正兄，唐兄于此篇"天人合一"讲学稿，凭其记忆所及，认为与钱师当日所讲，大体符合；亦认为发表此稿，借以纪念先师之最后遗言，弥足珍贵。此不但为钱穆宾四师最后一次讲学——一次正式退出杏坛后的讲学，亦为宾四师一生路程中最后一次参与正式的盛大庆典，爰加追记，以作悼念。

钱穆大师的教学及著述生涯

（原刊于一九九〇年十一月二十三日《台湾日报》）

　　业师钱穆宾四先生一生从事粉笔生涯，前后凡七十五载。先生自一九一一年十八岁起，直至定居台北到九十二岁退出杏坛为止[1]，其间弦歌不辍，诲人不倦。先生自内地，而香港，而台北；由教小学，而中学，而大学与研究所。如以学校的级别来分，可分三个阶段。首十年是在家乡教小学，是为第一阶段。第二阶段是接着教了八年中学：先由施之勉[2]先生邀请先生去集美教国文；一年后，先生回到江苏省立无锡师范任教；四年后，受苏州中学汪懋祖校长礼聘，担任该校首席国文教师。三年后，由于先生所撰论文《刘向歆父子年谱》受知于北京大学顾颉刚[3]教授，先被推荐去北平燕京大学任教，继而专任于北京大学，并兼课于燕京、清华及师大三校。由此开始，先生一直任教于全国各大学及研究所，历时长达五十七载，是谓先生教学之第三阶段。

· 钱师任教的四个时期

　　先生任教于全国与海外各大学或研究所之五十七年中，如再加以划分，则可分成四个时期。

　　首为北平时期。此自一九三〇年始，直至一九三七年抗日战争爆发为止，历时八载。此为先生在国内教大学之第一

1.先生宣告退休后，仍向台北区学子讲学，一九八九年来香港出席新亚书院创校四十周年大会，向友人宣讲"天人合一"之道，已九十五岁，讲学生涯则合计已近八十年。
2.施之勉：钱先生常州中学时的同学，当时任福建集美师范教务主任。
3.顾颉刚：江苏无锡人，北京大学毕业。其做学问路线与钱师大不相同，然顾氏毫不介意，且对钱师十分钦佩。

时期，主要教授于北平各大学。

至于第二时期，则由抗日战争开始以迄胜利结束之八年中，先生辗转于后方湖南、贵州、云南、四川各省，先后任教于西南联大、成都齐鲁大学国学研究所、华西大学、四川大学等校，其间于一九四二年春，曾应张其昀晓峰先生之邀在贵州遵义浙江大学讲学一阅月。

抗战胜利后，一九四六年秋，先生应聘赴昆明五华书院任教；又兼教云南大学；继于一九四八年春转赴无锡江南大学任教，并担任文学院院长。翌年春，先生应华侨大学创办人王淑陶先生之聘赴广州任教，于一九四九年来港。近四十年来，华侨大学迁港续办，仍由王淑陶先生掌校。笔者于年前遇王校长于香港湾仔中国酒楼，谈及此事，王校长谓："钱先生在史学上有独到之见地，所以我请他来华侨大学任教。"并谈及华侨书院（香港复校后之名）有迁台或在台湾花莲办分校之意。侨大在香港苦撑至今，已属难得。今王淑陶校长年逾八十，仍精神矍铄，侨大如能迁台，当可重振声威。

先生在广州华侨大学得识赵冰师，赵冰师为牛津、哈佛两校之法学博士，来港后一面执业大律师，并兼新亚书院董事长，并任教英文作文一科。他每次拟就作文题目，通知校方，限同学课堂上依时作好，再送去其大律师办公室。赵师批改认真仔细，必依时发还。赵冰师为人颇幽默，作文评语常用粤谚。一次，某同学作诗一首，赵师评曰："你的打油诗，唔埋得鼻（意即不能靠近鼻子）。"同学们阅后大笑。其运用粤谚，生动传神，幽默风趣，即此一例，可概其余。赵师年轻时，还是一位爱国志士。有一次去其府上，他告诉我们，如当时不是他的父母阻止他，锁他在房中，他便已成为黄花岗"七十三烈士"之一了。同学闻之，无不为之肃然起敬。

先生一九四九年来港后，由张其昀、崔书琴及谢幼伟先生等，邀其担任亚洲文商学院院长。日校在香港英皇道海角公寓租赁教室，夜校则在九龙渡船街。至一九五〇年秋，学校迁桂林街后改组，并改名为新亚书院，学校董事长则改由赵冰师接任，校长仍由钱师担任，直至一九六四年一月辞职，在港历时十五载。同年十月，赵冰师病逝，先生为作两联挽之。公挽之联曰：

惟先生身在局外，心在局中，不着迹，不居功，艰难同其缔造。

愿吾党利恐趋前，义恐趋后，无涣志，无馁气，黾勉宏此规模。

私挽之联曰：

肝胆共崎岖，毕义愿忠，惟兹情其永在。
气骨励坚贞，清风峻节，何斯道之终穷。

先生在其《师友杂忆》中云："余之始创新亚，赵君即任董事长助成之。余之辞新亚职务，亦由赵君主持决定之。不谓余初去职，赵君即遽长逝，痛哉痛哉。"足见先生与赵师情谊之深厚。

先生辞职之翌年，应聘前往马来亚大学任教。由于马来亚之湿气使先生胃病剧发，遂于八个月后返港，仍住沙田道风山和风台。在港办学，短期赴马来亚而再返港，此一时期为先生执教大学之第三时期。其间除在马大不足一年外，余

317

均在新亚书院及新亚研究所任教并主持校政。今毕业校友遍布世界各地，除任教于港、台两地外，并散布于欧美及东南亚各国之大学执教，为数甚多。

一九六七年十月，先生迁台定居后，为其大学教学生涯之第四时期。先生受中国文化学院（中国文化大学之前身）董事长张其昀晓峰先生之邀，为该校硕士博士班研究生授课。学生每周去外双溪素书楼上课一次，其他时间，先生全用于研究著述上，并应台北"故宫博物院"院长蒋复璁先生之邀每日上午赴该院担任研究工作，直至八十四岁病目为止。先生在文化大学高级学位班授课，直至九十二岁。先生晚年虽病目，得师母及秘书之助，仍陆续出版巨著，矻矻不稍休，其为中国历史文化所付出之奋斗精神令人敬佩。

· **钱氏著作的三个时期**

关于先生的一生著作，可概括地划分为三个时期，今列述于下：

第一时期：先生主要是研究经学及先秦诸子，亦间及乾嘉考据之学。约言之，先生未到北平诸大学教书前，即一九三〇年以前，此一时期，先生为二十九岁至三十五岁之间。先生自一九二四年起，陆续出版《论语要略》《孟子要略》《惠施公孙龙》《国学概论》《周公》《墨子》《刘向歆父子年谱》《王守仁》《周初地理考》，以迄一九三一年出版的《周官著作时代考》。上述作品，主要是在无锡师范及苏州中学执教时期利用课余及假期所写成。其中《刘向歆父子年谱》自一九二九年发表后，引起全国学术界的震惊与赞叹。

先生《刘向歆父子年谱》一书，其对中国学术界最大的贡献，正如何佑森学长所说："此书不但结束了清代今古文之争，平息了经学家的门户之见，同时也洗清了刘向歆伪造经书的不白之冤。"促使五十余年来研究经学的学者，对二千年来的古文经书中的一切记载坚信不疑，也使当时治经学的古文学家与今文学家互相尊重，各采所长，把昔日互相排挤攻讦的现象，予以一扫而空。先生之功绝不在融会今古文经两派思想的郑玄之下。最令人感动的是当时主张今文学派且最为推崇康有为《新学伪经考》的顾颉刚教授，他不但不介意，而且推荐先生此论文刊登于《燕京学报》；先生推却中山大学之聘后，又推荐先生至燕京任教。顾教授那种服膺真理、学术为公的胸怀，使人钦敬。时为一九五〇年秋，先生三十六岁，是其一生中教学事业之一大突变。

先生《先秦诸子系年》一书，虽初版于一九三三年，但是书亦完成于一九三〇年前，于苏州中学执教之时。此一巨著，足与《刘向歆父子年谱》并传不朽。按此书上溯孔子生年，下探李斯卒岁，前后二百年，排比联络，一以贯之。书中对先秦学人，无不一一详考。如魏文之诸贤，稷下之学士，一时风会之所聚，以及隐沦假托，其名姓若存若亡者，无不为之辑佚证坠，辨伪发覆，参伍错综，曲畅旁通，而后其生平出处、师友渊源、学术流变之迹，无不粲然条贯，秩然就绪。且此于列国世系，多所考核，别为通表，明其先后。

前贤对考论诸子年世的通病是各治一家，未能通贯。故治墨者未能通于孟，治孟者不能通于荀。各书单独观之，尚算有据；比并而观，则难免错漏百出。且前贤每详于孔、墨、孟、荀之考证，于其他诸子则未免过于疏略。前贤为诸子考订年世，往往仅依据《史记·六国年表》，其实《史记》错误处甚多，不能尽信。先生作《先秦诸子系年》，扫除了上述诸通病。糜文开[1]先生说："此书出而胡（适）著《中国哲学史大纲》之疏漏洞见。其中老子的年代问题，先生另撰《老子辨》一小册。胡先生根据古籍记载，主张老子比孔子年长；梁启超、顾颉刚先生则主张老子年代应在战国；宾四先生则更主张说像司马迁《史记》所透露，老子其人只是传说中的人物，应据《道德经》的完成推定学术史上的年代。他根据《道德经》的文字和思想内容，判断《道德经》的年代尚在《庄子》一书之后，《道德经》是战国晚年的作品。宾四先生以《老子》一书与老子其人分开来考证，既有见地，而考证又很精到，所以不但在国内得到多数学者认可，在国外也得到许多学者的支持与采纳。宾四先生《先秦诸子系年》最大的贡献是非但把先秦诸子的年代都考订了，而且改造了《史记·六国年表》，使战国史有了一个新的面目。"

何佑森兄也说得好。他说："《（先秦）诸子系年》无疑是一部学术史，这是钱先生自谦而没有说出的话。《（先秦）诸子系年》的价值可以说不让古人。善读此书的人，假如能对书中所考证的有关诸子生平、出处、师友的渊源，以及学术的流变先有一番通盘的认识，然后再读诸子书；假使能以《（先秦）诸子系年》作为根底，着眼于学术的流变，抛弃专家之学的成见，迈向通儒之学的大道，相信将来必然会出现一部有益于中国文化的古代思想通史。"实在是一番语重心长的肺腑之言。

写到这里，加插一段佳话。先生掌新亚初期，香港大学中文系系主任为英籍林仰山先生。林氏期间曾多次劝说先生

1.糜文开：糜文开教授夫妇似是抗战时期西南联大钱师之学生。糜氏一九五〇年后在台湾大专任教。

去港大任教，待遇比在新亚何止倍增，简直有天渊之别。然先生抱持艰苦办学之理想，不为厚利所动。而林氏之所以推重先生，是由于其父曾在中国北方传教，林氏幼年在华习汉字。抗战期间，林氏为日寇所捕，系于狱中，每日在狱中以研读《先秦诸子系年》作为消遣，遂对先生萌生敬仰之心。港大卒将此书再版，亦出林氏之意。

另有柳存仁教授者，为钱师执教北大时之学生。柳先生当时执教于香港皇仁书院，闻农历元旦以誊抄先生所著之《（先秦）诸子系年》一书为乐。盖当时港大尚未将此书再版，誊抄以作参考之用，亦学坛之佳话。

《刘向歆父子年谱》与《先秦诸子系年》二书固然为先生早年撰成不朽的经典之作，但先生此一时期之其他著作亦并非无可述者。如《周初地理考》一书，成书于一九三〇年，距今已有六十年。此书在当时亦为先生之创见，一直未有人加以驳议，亦未有人加以阐发。但八年前的春天，许倬云[1]教授返台北，面告先生彼曾把所搜集内地近数十年来新出土诸铭文详加考订，证实与先生《周初地理考》中所言一一吻合。先生早年之推断乃成定论。其治乾嘉考据训诂之学，功力之深有如此者。先生闻之大喜，更盼望自己其他撰著，他年续有得臻定论，真是中国文化之幸。

第二时期：先生此一著述时期，可分两个阶段。首先是在北平四所大学（北大、燕京、清华及师大）授课时，自一九三〇年秋至一九三七年冬离平南下为止。下一阶段则自八年抗日战争爆发开始直至胜利为止。先生此一时期之主要

1.许倬云：祖籍江苏无锡，著名历史学家，现为美国匹兹堡大学历史学系荣休讲座教授。著作包括《中国古代社会史论》《汉代农业》等。

著作有《老子辨》《先秦诸子系年》《中国近三百年学术史》《国史大纲》《史记地名考》《文化与教育》《清儒学案》[1]《中国文化史导论》《政学私言》《湖上闲思录》[2]等，并续写有关中国文化及宋明理学之论文多篇，发表于学术刊物。

先生此一时期之著述，特别引起学术界重视者，厥为一九三九年出版之《国史大纲》。此书之成，有一段故事。有先生西南联大同事陈梦家[3]教授，屡劝先生为"中国通史"写一教科书。先生当初推以"材料太多，所知有限，当俟他日仿赵瓯北（赵翼）《廿二史札记》体裁，就所知各造长篇畅论之"。但陈氏力劝先生"不可为一己学术地位计，当为全国大学青年计，为时代急迫需要计，先成一教科书，国内受益者当无可限量"。如此者再，先生才允所请，遂卜居宜良，以每星期之一半时间闭门写作，其余则去昆明联大上课。先生在北平任教时，已有五六册"通史"随笔，抗战时到南岳、蒙自等地陆续添写，全书编写完成，时为一九三九年一月，是年先生四十五岁。先生作是书之动机与宗旨，自言道：

> 余又惧世之鄙斥国史与夫为割裂穿凿之业者，必将执吾书之瑕疵，以苛其指摘，严其申斥，则吾书反将以张讥国史、薄通业者之焰，而为国史前途之罪人。抑思之又思之，断断无一国之人，相率鄙弃其一国之史，而其国其族，犹可以长存于天地之间者。亦未有专务于割裂穿凿，而谓从此可以得我先民国史之大体者。继自今，

---

1. 此书惜于一九四二年由重庆运南京途中，在江中沉没失落。
2. 此书二十余年前曾由香港《人生》杂志逐期刊登，后由该社出版。
3. 陈梦家：浙江省上虞县人，中国社会科学院考古研究所研究员、考古学家、诗人。

国运方兴，天相我华，国史必有重光之一日，以为我民族国家复兴前途之所托命。

明乎此，则知《国史大纲》自有其独特之史学精神，亦自有其独特之春秋笔法。兹且举一例，以概其余。该书交给上海商务印书馆付印后，久不闻此书出版。查知审查处批示须改洪杨之乱为太平天国。先生答辩曰："孙中山先生以得闻洪杨故事，遂有志革命，此由中山先生亲言之。但中山先生排除清政府，创建中华民国，始是一项正式的民族革命。至于洪杨起事，尊耶稣为天兄，洪秀全自居为天弟，创政府称为太平天国，又所至焚毁孔子庙，此断与民族革命不同。前后两事绝不当相提并论。"审查处得此函，乃批示可照印，但已迟了半年出版。《国史大纲》对国人之贡献，正如糜文开先生所说："是向一辈鄙薄本国历史文化者提供真相，使知我民族文化伟大精神之所在，有如甘地在印度所起作用一样，是激发了民族的自信心。"这番话也是先生所有著作的一贯精神所在。

至于此一时期之《中国近三百年学术史》（一九三七年出版）可说是《刘向歆父子年谱》的姊妹作。此话怎讲？因今文经学的公羊学派的康有为著《新学伪经考》，推论古文经皆刘歆伪撰。《刘向歆父子年谱》是给康氏《新学伪经考》以有力的驳斥。"而《中国近三百年学术史》出版后，"更将康说的谬误予以直接的批判。于是各大学抱残守缺的经学讲座在无形中撤除。但是《中国近三百年学术史》更大的作用，在于纠正当时北方学风仅知材料考据，号称以科学方法整理国故的流弊，提示了治学贵在融会贯通，治学术史最要注意学说本身的生长演变的新途径。"（糜文开先生语。）

第三时期：先生此一时期是以思想与学术通论性的著作为主，亦可分为两个阶段。前期是自一九四九年到香港，直至一九六七年九月止，其间先生只去过马来亚大学不足一年；后期是先生于一九六七年返台北定居以迄于一九九〇年八月。前期之著作包括《中国人之宗教社会及人生观》《文化学大义八讲》《中国历史精神》《庄子纂笺》《中国历史精神七讲》《文化学大义》《中国历代政治得失》《中国思想史》《国史新论》《宋明理学概述》《四书释义》《人生十论》《黄帝》《阳明学述要》《中国思想通俗讲话》《秦汉史》《庄老通辨》《学籥》《两汉经学今古文平议》《湖上闲思录》《民族与文化》《中国历史研究法》《史记地名考》《中国文学讲演集》《论语新解》《中国历史》[1]。

上述各书，除《中国历史》香港多所中学采用外，其他著作分别在香港、台北两地出版，有的是在内地撰成，在港台出版或再版者，如《史记地名考》《黄帝》《庄子纂笺》。如《两汉经学今古文平议》中，便收入《刘向歆父子年谱》一文；主要是在港台两地、在新亚或受各学术机构、社团邀请而根据讲演稿而编纂成书者，如《中国历史精神》《中国历代政治得失》《中国思想通俗讲话》《中国文学讲演集》《中国历史研究法》等书均是。其中《中国历史研究法》共分八讲，由当时香港孟氏图书馆（今中山图书馆前身）邀请主讲，由笔者记录，经钱师润饰后出版，今已再版多次。

至第三时期之后期，从一九六七年冬起，以迄于一九九〇年，先生定居台北。在台出版之著作有《中华文化

1.此书共五册，香港人人书局出版，由新亚研究所三位毕业校友孙国栋、胡咏超、苏庆彬所撰写，再由先生校订，香港各中学采用作教本者数以百计。

十二讲》《中国文化丛谈（一）（二）》《朱子新学案》《中国文化精神》《中国史学名著》《理学六家诗钞》《孔子与论语》《孔子传》《灵魂与心》《八十忆双亲》《师友杂忆》《中国学术通义》《孔子传略》《论语新编》《世界局势与中国文化》《中国学术思想史论丛（一）（二）》《古史地理论丛》《中国学术之传统与现代》《中国通史参考材料》《双溪独语》《晚学盲言》等书。

先生在台北，除了每周末下午为文化大学的硕士博士班讲课外，其他时间与精神均集中于研究著述，故著作比前期更丰，义理也更精纯。这是由于前期的十余年中，要处理新亚书院及新亚研究院校务，人事应酬也较平常为多，不少著作是由讲稿编成，能出版二十多种著作（有的在内地已完成），实属难得。后期在台北，虽然有的书是早年发表于各学术刊物之论文所编成，如《古史地理论丛》乃编集《楚辞地名考》《周初地理考》《史记地名考》等书或论文而成；《中国通史参考材料》乃先生在北大及西南联大等校讲授中国通史时之笔记随录，亦即《国史大纲》的原始材料，为杨联陞[1]教授一直保存至今的一份硕果仅存的通史材料；又如《中国学术之传统与现代》一书，乃集早年《学报论文》《宋代理学三书随札》《朱子四书集义精要随札》《周子通书随札》及《近思录随札》而成，对中国古人为学之宗旨趋向、分野门径别从一新角度加以阐述；又如《中国学术思想史论丛（一）（二）》册，亦是辑录自内地历年所发表之论文，其中亦有批评多位时贤学者，纠谬匡正，亦大有裨益于学术界。

然此一时期，乃先生思想融会贯通、已臻于圆熟大成之

1.杨联陞：早期毕业于北京大学历史系，可谓钱穆宾四师入室弟子。

期，所论已不囿限于经学、诸子学、史学或乾嘉考据之学了。如以年次先后来分，则七十七岁完成《朱子新学案》，七十九岁完成《双溪独语》，八十岁完成《八十忆双亲》，八十八岁完成《师友杂忆》，九十二岁完成五十万字之《晚学盲言》。先生以如此高龄，在病目之情况下，尤完成如许巨著，诚为历史上前无古人之纪录。[1]

· 义理、考据、辞章不可偏废

《朱子新学案》这部五大册的巨著，现在连内地也已出版了。这部书的价值，正如何佑森兄所言："从题目看，似乎讲的是朱子思想及其学术，当我用心读毕这一部书之后，固然认识了朱子之言，同时发觉到，著者连带地解决了朱子卒后七百七十年间学术思想史上争论不休、疑而不决的一些重要问题，钱先生用理气一体浑成的道理，解决了学者理气二元或一元的争论……又用心性一体两分的道理，打破了思想界程朱与陆王的门户之见。"此一评论，深中肯綮。笔者亦觉得先生数十年来，他做学问的一贯宗旨，就是要把经学的今古文经调和，要把汉学与宋学调和，要把程朱与陆王调和，要把义理之学与考据之学调和，而鄙视关起门来自己称霸称王的、狭隘的、排除异己的、有门户之见的那辈所谓学者。记得有一次先生曾说："《论语》《孟子》任谁都可以读，孔孟之道任谁都可以传，读得一句是一句，知道一点是一点，千万不可以有门户派别之见。"先生自谦地说："余之自幼为学，最好唐宋古文，上自韩欧，下迄姚曾，寝馈梦寐，尽在是。

1.钱穆宾四师著作在此文中述其大略，或实有疏漏之处，当以钱师母胡美琦女士所编定之《钱穆先生全集》为准。

其次则治乾嘉考据训诂，借是以辅攻读古书之用。所谓辞章考据训诂，余之能尽力者止是矣。至于义理之深潜，经济之宏艰，自惭愚陋，亦知重视，而未敢妄以自任也。"其实，我们固然未能尽读先生过去大半个世纪以来的全部著作，即使只读其中部分，也可确知先生服膺着清儒姚鼐惜抱、戴震东原所倡导的义理、考据、辞章当兼顾而不可偏废的誓章。

综上言之，先生既生有匡时救世的心术，亦具备明体达用的学识；在著述上，既能综贯百家，上下千载，评考其得失之故，又能断之于心，笔之于书。尤为可贵者，先生那种浩浩乎阔大的胸襟、恢宏的器量，不斤斤拘囿于一家一派之间，称为一代大儒，足可当之无愧。

钱穆先生逸事——纪念钱穆宾四先生逝世一周年

（原刊于一九九一年十月《大成》月刊）

钱穆宾四师一九九〇年八月三十日逝世，倏忽已是一周年，但先生之声音笑貌宛如仍在眼前，使人不胜怀忆。仅将记忆所及，缕述先生生平逸事数则，以表悼念之意。

·"七房桥"名称的由来

先生的家族世代书香，祖父鞠如公是举人，父亲承沛公是秀才，常为乡里仗义执言，排难解纷。先生擅长吹奏箫笛，长兄挚擅长笙和琵琶，其六弟钱艺亦能演奏几种乐器，八弟钱文则是拉胡琴的高手。每逢寒暑假期，晚饭以后，在太湖之滨啸傲泾旁的广场上，树荫之下，兄弟们来一个国乐大合奏，悠扬悦耳的江南丝竹吸引了四围的左邻右里齐来欣赏，其乐融融。

先生一九五三年讲中国经济史，讲到清末的人口时，便讲到他的故乡无锡七房桥的演变过程。先生无锡的家乡七房桥这个村子，原先只有一户人家，几代以来，一直都是单丁相传。迨到洪杨之乱以前，有一位祖先娶了一位富有的妻子，他三十多岁时病了，妻子要他静居室内，不可外出，并悉心为他调理疾病，三年后果病愈。而其妻此时已信佛吃长斋而出家了。但为了"不孝有三，无后为大"，这位出家的妻子在三年中已物色了三个女子让他纳妾，并能服侍丈夫，结果生了七子。先生是大房，为七房中的一房。便命名此村为七房桥。当时欣见五代同堂。七房中有的子孙繁衍众多，有的人丁稀薄。七房共有十万亩田产，几代相传以后，人丁少的一房可分到七八千亩田地，人丁多的一房，经过几代相传，每一户只能分到几十亩田地而已。七房桥在当地是出了名的，其外有一条河——啸傲泾。旁有砖砌的广场，四周林木葱郁。人丁少的几房相当富有，生活因此懒散而舒适，有打麻将的，有抽大烟的。夏夜时七房桥的子弟们在广场上乘凉，密密麻麻的，阻挡了大路，使外人无法通过，也造成了七房桥的名气。

先生个子不高，但走起路来步履沉实而稳健。程兆熊[1]先生对先生的走路有一节生动的描写，道："我们对钱先生有一个大大的发现，就是不论在如何样的车水马龙的香港或九龙的马路上，钱先生横过马路，总是若无其事地一步一步地走着。有时汽车冲过来的喇叭之声大作，我们为他急杀，他仍是若无其事地一步一步地走着，汽车冲来，见之未见，喇叭之声，充耳不闻。可是他又并不是在那里想什么，他只是一切不理会，只是一步一步走。当他穿过了马路，我们问他时，他只是笑一笑。他尽是有情趣，他尽是有定型。在诸位老先生中，我们发现他的走相最好。熊老先生（十力）则坐相最好，一坐坐得稳。只不过他走起路来，却总令人感到过于轻逸，不免有魏晋人的味儿。梁漱溟[2]先生在和你谈话用思想时，那一种想得透顶、想得深湛的情态，也是诚不可及。只不过他走起路来，却总令人感觉到不免急促，竟像是遑遑如不可终日，衰世之意，乱离之情，在他的步法里，更是急急地呈现出来。至于钱先生的走相，则全是太平相、盛世相，和行得通的相。为了这个缘故，我们有时会对他说，他必将走入廊庙，必将得其高位，必将获其高寿。"程先生写此文时，先

1.程兆熊：法国巴黎大学博士，来港任新亚中文系教授。程教授在新亚刚创办时，曾招募一批新生来新亚就读，功不可没。

2.梁漱溟：近代哲学家，钱师在北大历史系任教时，梁漱溟则在哲学系兼任教授。

生还是花甲之年。程先生的预料，今已一一应验，知人之明，可谓神奇。

一九四九年十月，亚洲文商学院（新亚书院前身）创办于九龙伟晴街时，据校友唐端正兄的回忆说："钱先生在当时真可谓是食宿均无定所的，有时就买些面包回来吃，也常常和我们一起吃。和我们一起吃时，他往往给我们钱买鲜虾来加菜，饭后也常请我们吃香蕉。一次，我因在外面教书，迟了回来，同学们也忘记留菜给我。钱先生也因为回来得较迟，自己加了些菜正在那里用膳，看见我回来，便把自己的菜分了一大半给我。我当时只觉得一阵家庭温暖。在那狭窄的宿舍里，钱先生常常在那里踱来踱去，他的心情常是沉重的。也许是因为精神上刺激太大了，而日间又往往疲于奔跑，曾经在一连几天的晚上，我被钱先生呓语所惊醒。"这就是先生创办新亚书院前后的艰苦情形，生活是简陋的，担子是沉重的，前路是遥远的。真如先生所撰的校歌中所谓：

> 手空空，无一物，路遥遥，无止境。乱离中，流浪里，饿我体肤劳我精。艰险我奋进，困乏我多情。千斤担子两肩挑，趁青春，结队向前行。珍重，珍重，这是我新亚精神。

这段记述正道出了先生对同学的关怀与爱护。

一九八八年暑假，先生九十四岁时，傅世亨[1]兄初次来台，我带他去素书楼拜访钱师他老人家与师母。世亨兄是二十世纪七十年代毕业的，于篆刻书画造诣均佳。但那时先生已离开新亚。到了钱府，作了简短介绍以后，世亨兄与师母谈天，我拿着世亨兄的书画篆刻集走到先生座椅旁坐下。先生把我呈献给他的篆刻集逐页逐页地翻看一过，口里说："其实我是看不见了。不过，新亚艺术系能出这样一位校友，倒是很难得啊！"回忆先生当时办新亚时，稍后才增设艺术专修科，首先请来协助建科的是陈士文[2]、丁衍庸[3]两位教授，后来才正式成立艺术系，当时创办该系确实不易。此时先生虽已离校，但关心校友们的课业与成绩则始终如一。

· **两副对联　一篇铭文**

先生平时讲课，常常提到曾文正公善作对联，甚为欣赏。他自己平日也偶作一二联，或供友好同赏，或作贺年春联。我们每年去拜年，无论他当时住在九龙钻石山西南台寓所[4]，还是沙田万佛寺旁的和风台，在大门口必定张贴他老人家自

1.傅世亨：香港著名书画篆刻家。傅氏二十世纪七十年代毕业于新亚书院艺术系，师事丁衍庸大师。傅氏毕业后，舍弃高薪厚职，独自隐居于新界一茅舍，苦练其一心向往的书画篆刻艺术达十年之久，自称三拙堂主，尽得丁衍庸大师之真传，尤于篆刻一项，深为丁大师所赞赏。丁大师在日，因忙于授徒及应酬，凡有友好请丁师篆刻图章者，丁师则常命傅君代劳。其所刻功力之深，几可乱真。一九八八年，傅君首次赴台北，携带其本人之书画作品篆刻集拜谒钱穆老师及师母，钱师赞不绝口，以新亚能培养出如此之高才生为荣。跨入二十一世纪，傅氏勤习书画篆刻，造诣更深，多次举办书画篆刻展，并于欧美英澳各国时有展出，中外收藏其作品者甚多，无愧为丁衍庸大师之首席大弟子云。

2.陈士文：曾留学法国习艺术七年，回国后在杭州艺专任教，为赵无极之老师。二十世纪六十年代钱师聘其为艺术专修科主任，与丁衍庸教授合力同心，终于使新亚有艺术系之成立。

3.丁衍庸：早岁留学日本，学成归国后受蔡元培先生所器重，曾先后担任上海、广州艺术学院校长，在香港应邀协助陈士文教授创办新亚艺专，进而成立艺术系。

4.钱师常称该处为贫民区。该区周围多为田野树林，空气较市区清新。

撰自写的春联，可惜我们没有抄下来，不然起码有十副以上。现在总算找到两副，一副是春联，先生是配合当年时事而作，联曰：

> 世局如五里雾，行一步，见一步，注意应从脚下；
> 人心是一线天，暗当头，亮当头，光明即在眼前。

此联中有"行一步，见一步"句子，与广东话中"见步行步"俗语字义均合。

还有一副难度相当高。一九五六年元旦，先生在香港赴某牙医诊所被医好了牙病，便赠以对联一副，联曰：

> 四海知名习凿齿，
> 每饭不忘齐易牙。

沈燕谋先生见而赞道："钱师此联是用古人名而当虚字意义者，佳联也。"先生能找出中国历史上有名的大人物，并且名字中有"齿""牙"两字，再加上"习凿齿"与"齐易牙"对偶工整，极具巧思，的确是难得之作。

二十世纪五十年代，新亚书院得美国雅礼协会资助建新校舍于九龙农圃道，依照传统惯例，在奠基典礼时要埋藏铁函于地下。这铁函于一九五六年一月埋下，其中包括《孝经》《大学》《中庸》《论语》《孟子》《老子》《心经》《金刚经》与英文《新约》及当时钱币和报刊等十七种，先生并亲书铭文，并有全校师生题名。铭文曰：

四五孟春旬又七，

新亚奠基埋置此。

后有发者考往迹，

所南心史等例观。

铁函中的九种书籍，虽然可能也有别的校董或教授参加了意见，相信主要是由先生选定。其中没有选入《庄子》，使我诧异。先生在大学时曾开过"庄子"这门课，却没有开过"老子"。先生心目中，至少是庄老并重[1]。先生曾说："今日人人当必读《论语》《孟子》《庄子》《老子》四本书。姑名之曰'新四书'可也。中国人之道理，万变不离其宗，均包含在《论语》《孟子》《庄子》与《老子》四本书中矣。"先生又说："庄子不但是旷代哲人，又是绝世大文豪。其思想高，文学亦高。"可见先生对庄子之重视，绝不下于老子。铁函藏书九经，笔者抄自沈燕谋先生之南村日记，燕老写作谨慎，绝不会漏记如此一部巨著。思之恐是铁函体积有限，又要包含各类文物，《论》《孟》两书绝不可少，《孝经》《学》《庸》三书体积很薄，朱子所定四书放入自无问题；而先生所拟"新四书"，只好把体积较大的《庄子》割爱了。放基督教圣经而不包括《旧约》，恐亦此意。

先生在新亚时期，不但主持校务，而且所开设的课程，并不比一般教授为少。计先后所教课程有"论语""孟子""中国通史""庄子""秦汉史""中国经济史""中国社会经济史""中国文化史""中国思想史""中国文学史""诗经""韩（愈）文"等。艾一校友曾说："他述说目前青年对

1.先生考证庄在老前。

333

历史观点的错误。他说得是那么幽默而激昂，一阵阵的笑声充满了教室。但笑过了之后，我们细细地回味着他的话，是如此的沉痛，同学们的眼圈红了。"文风校友也曾描述过先生上课时的神情，道："钱先生在讲学的时候，全神贯注，有声有色。如讲《庄子·逍遥游》一篇时，他所表现的姿态与神情，真是大鹏逍遥于空际之气象，扮演之贴切逼真，使人的心神也随之而遨游。"顺便提到先生在北大上课时，由于听众多，要用礼堂作课室。当时听过他课的詹耳先生说："宾四先生给我的第一个印象是小小的个子，可是讲起中国历史来，见解新颖，史实的援引，尤左右逢源，历历如数家珍。每堂下课后，同学们总不约而同地问：'那小家伙是怎么的？'"语气之间，是赞叹他对中国历史的见识渊博。

· 适应美国生活有法

一九六〇年时，先生应聘去美国耶鲁大学讲学，他当时开了三门课："国学概论""先秦诸子"与"国学座谈"。选读的除了耶鲁研究院研究汉学的美国学者，在美国各大学教书的中国学者也去报名听讲。先生讲中文，需要一位博古通今、学贯中西的学者担任翻译工作，这一重任正好落在于耶鲁任教的李田意[1]教授身上。李田意先生当时已是名教授，但他对先生始终执弟子礼。先生当时笑称："六个月来，他从来没缺过一堂课哩！"引得当时在课室的听众都笑了。

先生当时在耶鲁担任每周一次（两小时）的"国学座谈"，是以座谈方式进行，临时由大家自由点题，由先生即

1.李田意：早年国内大学之钱师弟子，当时在美国耶鲁大学任教，顺便担任钱师讲学时之翻译。二十世纪末李氏曾来中文大学作短期任教。

场主答，随即提出问题讨论，这是很考功夫的。这堂夜课中谈及的题目包罗万象，文学、艺术、思想、历史、人生、时事……赵浩生[1]先生说："如果有一天，我们之中有一位能把他的讲堂笔记整理出来，也许可能是一册与《论语》有同样价值的文选。"先生这一年还接受了耶鲁的荣誉博士学位。典礼中，耶鲁大学校长格里斯·沃尔德博士对先生的颂词全文是：

> 钱穆先生：你是一个古老文化的代表者和监护人，你把东方的智慧带出了樊笼，来充实自由世界。你是新亚书院的创办人和校长，在教育的共同事业上，耶鲁是你的同志和拥护者。耶鲁大学鉴于你个人的声望，和你在学术上的成就，特授你荣誉文学博士学位。

耶鲁大学校长用英文宣读上述颂词后，再由李田意博士用中文宣读。耶鲁的历史上，颁授学位时以接受学位者的本国语言宣读颂词，还是破天荒的创举。耶鲁对一位中国学者的殊荣与尊敬，使当时参加典礼的中国人格外感到兴奋。

先生在耶鲁上课时，多是先摘下他那顶棕色礼帽，然后脱下他的厚丝棉袍，里面又是一件蓝色的中国大褂。这种把长袍当大衣的穿法，赵浩生先生形容这是以纯中国方式来适应美国生活，引得当时的中国友人都笑了。

先生一生中曾遇到过一次大灾难，发生在一九五二年四月十六日那一天，先生在台中淡江英专的大礼堂，他当时是应联合国中国同志会的邀请，作公开学术讲演，讲题是"唐宋时代的文化"。正当讲演结束，再作半小时的自由发问讨论

1.赵浩生：名记者。

时，讲台屋顶上有长方块水泥突然塌下，听众中柴春霖[1]先生伤重不治，而先生的伤势严重，头部流血过多，陷入昏迷状态。这一消息引起"港九台湾文化教育界"的震惊而惴惴忧惧，深以先生的健康为虑。那次先生由香港赴台有三个原因，一是台中地方人士愿意捐出一大规模校舍和经费，在台筹办一所以文史为主体，以人文主义为理想并以发扬中国文化为使命的新亚书院分院；其次是为香港新亚书院筹募经费；第三是台湾各方面给他预排的一连串讲演节目，从先生到台直至发生意外那天止，近四个月时间，几乎每天都要作学术讲演。四月十六日正是预定讲演的最后一次，竟遭巨祸，幸而吉人天相，在医生和友人悉心护理之下，经多个月治疗，逐渐康复。先生时年五十八岁，自谓乃生命中最值纪念之一日。

先生是次重伤时，大家对这位国学大师十分关切，台湾有许多青年跑到医院要求给他输血，有许多听讲的青年当时痛哭失声，港台文教界及社会人士莫不关注他的不幸受伤，证明先生个人是如何受中国社会的景仰和重视，也证明大家对中国文化理想的重视。

· **独得的吃香蕉方法**

我做了一个小小的统计，就我所见者，海内外人士，先生的学生或友辈，对他有二十多种不同的称呼，计有"一代儒宗"（张晓峰、李焕[2]等）、"鸿儒硕望"（俞国华[3]）、"大宗师"

---

1. 柴春霖：听众之一，为台湾政界人士。
2. 李焕：台湾政界人士。
3. 俞国华：台湾知名经济学家。

（张佛千[1]）、"博大真人"（余英时）、"一代通儒"（何佑森）、"史学大师""教育家"（《民主评论》编者）、"中国文化的舵手"（杨远）、"国学大师""新亚书院创办人"（赵浩生）、"伟大的爱国者"（唐端正）、"苦斗出来的英雄"（台湾大学文学院施肇锡同学）、"伟大的学者""史学界的权威"（糜文开）、"我们的家长"（笔者）、"东方文明护法的号角""披了传统文化袈裟的大师""历史上的大师""思想家""人文主义的推行者""护卫传统文化的复兴运动者""新文艺复兴运动的大师"（叶允愨）、"小家伙"[2]（詹耳）。对一位学者或教授，大家给他这么多语带赞誉的称谓，也可能是破纪录了。

近二十一年来，先生身在台北，心存香港，对新亚还是念念不忘的。记得先生九十五岁来香港参加新亚书院四十周年校庆，在茶会中林聪标院长邀请先生一百岁时再来香港参加新亚四十五周年校庆，也为先生一百岁寿。先生微微摇头，低声说着："那是不可能了，如果人死了有灵魂的话，我是会回来的。"此话使听者都为之伤感，但先生对新亚之深情，于此可见。

先生能获致九十六岁高寿，师母在日常生活上悉心照料固然是重要之原因，同时先生平常饮食起居有规律，并注意运动，这可从数方面证明之。先生家居，亦不离运动，某次去沙田和风台，见先生在长廊打太极拳；有时去谒先生，则见先生一面谈话，一面在客厅中绕室以旋；近日见先生致罗慷烈教授函，书信中提到先生曾购用"步行计算器"，似为日

1.张佛千：台湾知名学者，以擅长撰作对联出名。

2.当时先生在北京大学任教"中国通史"等课程，非常叫座，为最受欢迎的三位教授之一。当时去听讲的不单是选修或必修的学生，其中还有旁听生、偷听生、职员或教授。每当北大同学去大礼堂上中国通史时，大家总是提早嚷着说："走！去听那小家伙去。"这里"小家伙"是一种昵称。

本出产，颇为好用，劝罗先生亦购用。先生又喜静坐，一日，有校友雷一松去其钻石山寓庐拜访，师母告以"先生正在静坐中，请稍候"。先生在《师友杂忆》中记述曰："忆某一年之冬，七房桥二房一叔父辞世，声一先兄与余自梅村返家送殓。尸体停堂上，诸僧围坐诵经，至深夜，送殓者皆环侍，余独一人去寝室卧床上静坐。忽闻堂上一火铳声，一时受惊，乃若全身失其所在，即外界天地亦尽归消失，惟觉有一气直上直下，不待呼吸，亦不知有鼻端与下腹丹田，一时茫然爽然，不知过几何时，乃渐恢复知觉。又知堂外铳声即当入殓，始披衣起，出至堂上。余之知有静坐佳境，实始此夕。"先生尤喜天台宗小止观[1]的静坐法，久习之后，旁人已经能看出他是"静坐有功"之人。

其次，对先生来说，中药可以长生。先生晚年已经少进饭菜，每天赖以维生者是用数十种中药煎熬成的膏汁及牛肉汤，但与牛肉汤同炖的是黄芪、牛膝等药材，可见中药有益。

先生喜吃活鱼，不活的宁可不吃。这是先生在《师友杂忆》中提及的。有一次，先生来香港，正值九十大寿。新亚校友设宴为他祝寿，我顺便问起先生最喜欢吃什么，先生答以"我喜欢吃鱼翅"。听后内心颇感歉然，因先生晚年每次来港，我们设宴欢迎他好像都不设鱼翅。

至于水果，当时没问过先生喜欢吃哪一种。但沈燕谋的日记中记载，先生某年自台北返港，谓"友人曾告以常食木瓜，白发可渐变黑"。先生试之颇效，想必是常吃木瓜。

某次先生谈及，一只香蕉可抵得上一碗饭。先生吃香蕉

1.天台宗小止观：佛教中有一教派名叫"天台宗"，起源于浙江天台山，创派者为智者大师，为天台山高明寺住持，今仍保留其衣钵于该寺。此宗有一静坐派别，叫"小止观"。

必先尽剥其皮，以手横持蕉肉啖之，初颇觉奇异。因平常我们吃蕉都是先剥去一半皮，用手握着有皮部分。其实，想深一层，是先生的方法对。譬如吃苹果，哪有削一半皮，而一半不削？又如吃橙，哪有先剥一半皮而另一半不剥？必先尽去其皮，然后拿着吃。如谓手或有不洁，那理当先洗手而后食。有一次我在远足途中，剥开香蕉一半用手拿着吃，走不几步，香蕉受震动断裂，半条跌在地上，深觉可惜，才猛然想起如用先生的握蕉方法便万无一失。即连先生的生活小节也有值得学习之处哩。

先生逸事，拉杂写来，已数千言。兹录挽联一副，以作本文之结尾。

天地鸿蒙，两手空空，肩道以立新亚，三千里地孤岛

海空寥廓，九畴寂寂，为师而宗孔子，五百年后一人

新亚书院校友会全体学生拜挽

钱穆宾四先生淡泊名利的一贯风格

（原刊于一九九四年八月三十日台北"《中央日报》"）

钱穆宾四老师病逝于一九九〇年八月三十日，倏忽已经四年，今年正值先生百岁冥寿纪念。缅怀当年老师在新亚书院及新亚研究所办学开课的时节，他的谆谆教导，他的声音笑貌，历历如在目前。及至他老人家辞职新亚，定居台北，每年去拜谒他，他总是以要我多读书多做学问为鼓励，现在想起来，感觉万分汗颜惭愧，为什么当时不多读一点书，多向老师提出一些疑难问题呢？

师恩浩荡，无法用我这支秃笔诉说得尽。现在根据宾四师逝世后，其友人弟子在报刊上所发表的悼念文章，姑且归纳记述于下，作为宾四师百岁冥寿的纪念。虽然以下所述仍难免挂一漏万，但也聊尽一片愧悔的心意。

· 先生上课认真　有教无类

（一）教学认真：宾四师认真教学的态度，是他在国内大学授课时的一贯传统教学态度。正如李埏[1]先生所说："宾四先生上课，从未请过一次假，也没有过迟到、早退。每上课，铃声犹未落，便开始讲，没有一句题外话。特别给学生们感受最深的是，他一登上讲坛，便全神贯注，滔滔不绝地讲，以炽热的情感和令人心折的评议，把听讲者带入所讲述的历史环境中，如见其人，如闻其语，永远留在我们的脑海中。"

有时，宾四师下了课，走出课室，本来该回去休息了，但同学们仍追随着，围绕着，他仍是诲人不倦地解答着疑难

1.李埏：曾为云南大学历史系教授，历史学家。

问题。李埏先生在《敬悼先师钱宾四先生》一文中继续道："每当下课，一些高年级同学陪着先生边走边质疑、请益，我也跟在后面侧耳而听，在这种时候，先生不仅解答疑难，而且还常常教人以读书治学之方。一天下课后，质疑的人不多，我便鼓起勇气，上前求教。先生诲人不倦……这天，因话未讲完，便不雇车，徒步沿林荫道边谈边走，一直走到西单……不久，我到北京大学去访友。谈起宾四先生的教诲，那友人说：'我们北大有所谓"岁寒三友"，你知道吗？所谓三友，就是钱穆、汤用彤和蒙文通[1]三位先生。钱先生的高明，汤先生的沉潜，蒙先生的汪洋恣肆，都是了不起的大学问家。'"从以上所摘录的两段话，足见宾四师认真教学的一斑。

（二）有教无类：宾四师不但在课室里教学认真，希望每一位学生都能成材，即使是校外人士，与他素不相识的，他亦乐于教导。这里且举一个例子，已可知道宾四师那种诲人不倦的精神。李埏先生在《敬悼先师钱宾四先生》一文中记载了一件逸事，说："宾四先生有教无类，来拜谒求教的，并不全是联大学生。据我所见，有的是其他大学的学生，有的是中学教师，有的是在报馆、银行、机关工作的人，有的是读过先生所著书而未听过讲课的人……多数人是二三十岁的青年，但也有一些年逾不惑或知天命的中年人。对这一切来谒的人，先生是极少问其姓名、职业的。但不论知与不知，先生都一样和颜悦色地接待，真是一视同仁，有教无类。同时，有些问题也很浅近，殊不必烦先生一一作答，但先生还是认真地解答。因此，我尝请问：'有些人是慕名而来，欲一瞻风采而已，何以先生

1.汤用彤和蒙文通：研究佛学史的权威。汤氏、蒙文通教授与钱师同是北京大学时期的好同事，友情颇笃。

也很认真地赐以教言？'先生说：'你知道张横渠谒范文正公的故事吗？北宋庆历间，范文正公以西夏兵事驻陕西。横渠时年十八，持兵书往谒。文正公授以《中庸》一卷，说："儒者自有名教可乐，何事于兵？"横渠听了，幡然而悟，遂成一代儒宗。可见有时话虽不多，而影响却不小。孔子说："知者不失人，亦不失言。"我宁失言，不肯失人。'我听后感到，先生之所以诲人不倦，是对求教者有厚望、有深意的。"从这件事，可见宾四师教人毫无倦怠不胜烦之意。

· 胸怀宽阔豁达　不批评人

（三）豁达大度：诸宗海[1]先生说："宾四先生胸怀宽阔，能容忍万物，不与世争，唯尽其力，唯求其宜，唯义理是从。"我对诸氏所描述，深有同感。尤其是"胸怀宽阔，能容忍万物，不与世争"三句，极为贴切。宾四师在新亚时期，十余年中，从未听见有一句批评他人之言，即使某日有某一件事令其不快，他亦是默忍无言，从无怨言。

宾四师也能容纳思想见解不同的学者来新亚任教，他所聘用的教授讲师或行政人员，并非一定局限于自己的朋友或学生。只要某人学有专长，或有一本像样的著作，他便毫不犹疑地把他请来。例如罗锦堂先生，他的硕士论文是台大中文系教授郑因百师指导的，获得师大的第一位博士学位，也是因百师指导完成。宾四师立即罗致他来新亚中文系任教，后来罗君转去香港大学任教，宾四师深感遗憾，因为失去了一位未来的中文系系主任。

宾四师极为反对门户之见，也劝学生们不可有门户派别

1.诸宗海：钱师执教西南联大时的弟子。

之见。记得我在新亚研究所任助理研究员时，研究的其中一个题目是有关桐城派古文的。他指导我看书，替我改文章，但他也劝我要去请教当时担任新亚中文系系主任的黄华表[1]教授，也要我多去问问曾克耑[2]老师。克耑师是桐城派殿军吴北江先生的入室弟子，精通古文、诗、词、骈文。黄华表先生则专精于桐城派人评论《史记》，且拥有清人文集最多。这种豁达大度的器量，是心胸狭窄、专讲门户派别的学者教授所远远及不上的。

（四）怀念旧友：记得新亚书院建校四十周年纪念那年，宾四师特地由师母胡美琦女士陪侍来香港参加庆典。他住在沙田中文大学教授宿舍中，有一天我去看他，他独自在居处，我陪他谈天，主要是谈及香港及新亚的近况。他最关怀的是曾与他共事的一班新亚旧同事，他们已一个一个地先他而去。他特别怀念的有曾任新亚校董兼图书馆馆长的沈燕谋先生、曾任新亚秘书长的苏明璇[3]先生，宾四师也已知悉那几年中王书林[4]先生（新亚秘书长兼哲教系教授）、陈士文先生（艺术系主任）先后病逝，除了沈燕谋年过八旬外，其他的都是七十左右逝世，独宾四师年逾九旬，昔日同事旧友，几尽凋谢，谈起来唏嘘慨叹不已。

---

1. 黄华表：广西人，美国留学，来港后曾在珠海学院任教，后由钱师聘请为新亚中文系系主任，为文宗桐城派及《史记》，主张大一国文外，须加开大二、大三国文，为钱师所欣赏。

2. 曾克耑：字履川，福建人，于诗、词、古文、骈文、书法无一不精，文宗桐城，为桐城派殿军吴北江先生之入室弟子。所得薪金全部用于刊印师友及古人之诗文集，与只说而不做者大异其趣。

3. 苏明璇：在港时曾任美国一机构之秘书，曾协助新亚获得美国文化机构之经济援助。苏氏之夫人为钱师国内大学之学生，后苏氏受聘为新亚之秘书长，协助钱师推动校务，为钱师得力助手。

4. 王书林：美国留学，专长教育统计学，除于哲教系任教外，还曾兼任校长室秘书长多年，后移民美国。

记得当时罗梦册先生年近八旬，仍在新亚研究所兼任教职，其夫人仍任职新亚图书馆，得悉其收入微薄，不足以维家计，宾四师闻之，虽爱莫能助，但关怀旧友，敦厚待人，于此可见。

· 淡泊名利　婉辞璧还退休金

（五）淡泊名利：当新亚初创时，不但经济谈不上宽裕，有时连学校的水电费都缴不出，教授们的生活艰苦可想而知。当时香港大学中文系系主任是英籍林仰山先生，林氏在抗战时期，曾用心读过宾四师的《先秦诸子系年》，早就十分敬佩宾四师的道德文章，屡次请他去港大任教。但宾四师不为高薪所动，坚持要在新亚苦撑下去，先后推荐了罗香林先生及刘百闵先生去港大任教，自己甘心过其清苦的生活。

二十世纪六十年代初，宾四师与新亚领导层意见不合，毅然辞去新亚书院院长职位。有人提议如果用申请退休的方式离校，必可获得中文大学一笔数目可观的退休金。但宾四师坚持原则，宁可放弃退休金而辞职离校。这是一般人所不易做到的。

宾四师晚年居住台北市郊外双溪素书楼，受中国文化大学前董事长张其昀晓峰先生礼聘担任该院研究生之教授，每周在素书楼上课。直至一九八六年六月九日，宾四师九十二岁，在素书楼上了正式告别杏坛的最后一课。当时文大董事长已由晓峰先生哲嗣张镜湖[1]先生接任，致送宾四师一笔退休金，以示尊敬，但亦为先生婉辞璧还，显示出老师淡泊名利的一贯风格。余英时先生曾说："钱先生从来不懂得哗众取宠，对于世俗之名也毫无兴趣。"可谓真正了解老师的内心。

1.张镜湖：张其昀之令郎，其昀先生病故后，镜湖返台接任文化大学董事长。

344

钱穆宾四先生百年冥诞感言 [1]

（原刊于一九九四年九月十一日《香港联合报》）

　　钱穆宾四老师于一九九〇年八月三十日病逝于台北，倏忽已有四年。今年适值先生诞生百年纪念，台北邮政部门特别为钱先生出了一张五元面值的纪念邮票。回忆四十多年来，台北除了为胡适先生出过纪念邮票外，此外便是这一次为先生出的这一张了。这是一种殊荣，表示对学者的尊崇。

· 创办之大专成为公立大学

　　宾四师一九四九年来香港，当时同来香港的学者有张其昀、谢幼伟诸先生，他们已经有创办一个大专的构想与计划。不久，由于张、谢诸先生先后赴南洋及台北，因此办新亚书院的责任便付托给钱先生。先生便约集了曾在广州华侨大学的赵冰、张丕介、唐君毅诸教授，稍后一些又有余协中 [2]、孙祈寿 [3]、曾克耑、杨汝梅 [4]、陈士文、伍镇雄 [5]、陈伯庄 [6]、沈燕谋诸先生一同参加，筚路蓝缕，以启山林。新亚书院于是办起来了。不久，新亚从最早期的九龙渡船街搬到桂林街，那是得到港商王岳峰 [7] 的协助而得以把只有四间课室的临时校舍租赁下来的。早期的新亚经费非常拮据，先生常去台北筹募经费，

1.编者注：本文略有删节。
2.余协中：曾担任国内多所大学西洋史教授，为余英时校友之令尊。
3.孙祈寿：为新亚桂林街时期之大一英文教授，一九五四年离校。
4.杨汝梅：留美博士，其在美时创造会计法则，极为受人推重，曾担任新亚会计系系主任。
5.伍镇雄：留美硕士，任教新亚经济系，笔者曾修读其"实用英文"。
6.陈伯庄：曾任京广铁路局长，来港后于新亚教社会学及大一英文等课程。
7.王岳峰：新亚创校董事。

甚至到台湾中部南部各处讲学，几乎因礼堂屋顶倒塌而丧命。

当时香港大学是唯一的公立大学，新亚是最早期的私立大专之一。钱先生对香港的大专教育是有贡献的，最显著的便是香港中文大学的成立。当时香港"政府"鉴于私立大专纷纷崛起，除新亚、崇基、珠海、浸会以外，尚有华侨、广大、广侨、香江、华商、平正、华夏、德明、东南等校，于是有意建立香港第二所大学，将所有私立大专全部纳入。于是"港府"派了英伦的富尔敦爵士，与新亚的钱先生、崇基的容启东[1]先生及联合的郑栋材[2]先生，筹备设立第二所公立大学。记得新亚创校四十周年的时候，先生已年逾九旬，他自台北来港参加。他住在中大教授宿舍，高兴地对友人们说，中文大学的成立，当时以富尔敦为首的筹建大学委员会采取了他两点建议：

第一，"香港中文大学"这个校名是钱先生起的；第二，中文大学校长应该由中国人来担任。于是，中文大学第一任校长是中国人李卓敏先生，就是美国加州大学来的经济学教授。

这个例子一开，把香港的大学校长例必由英国人来担任的传统打破了。于是港大校长也由中国人来担任了，前有黄丽松校长，今为王赓武校长。至于中大呢？李氏以后，有马临[3]校长、高锟[4]校长。现在连科技大学也由中国人来担任校长了，这不能不说是钱先生的一个创见。当时也曾有人谈起，如果不是钱先生有极强烈的爱国主义民族主义色彩，先生也可能是首任中大校长。唐端正兄说得好，他说："钱先生是个

---

1. 容启东：时任崇基书院院长。
2. 郑栋材：时任联合书院院长，后任教育学院院长。
3. 马临：浙江鄞县人，父亲为香港大学中文系前系主任马鉴教授。曾任香港中文大学第二任校长，之后创立逸夫书院。
4. 高锟：曾任中文大学校长，并荣获诺贝尔物理学奖。其父高君湘先生曾任教于新亚商学系。

有极强烈的国家民族意识和历史文化意识的中国人。"这种性格，当然不会受殖民地统治意识比现在浓烈的"港府"所欢迎。但先生视名利如粪土，是毫不介意的。新亚、崇基、联合是组成中大的成员学院，虽然当时的珠海、浸会不同意参加，但中大终于由三所成员学院组成，于一九六四年成立了。

· 淡泊名利　婉拒退休金

　　新亚创办之头几年，香港大学中文系系主任是英籍的林仰山先生。林仰山先生自幼随父在山东长大，饱受中文教育，他在抗战时期被日寇拘禁狱中，日以诵读钱先生的《先秦诸子系年》作为消遣，对先生的学识十分敬仰。林先生掌港大中文系后，知先生在新亚生活艰苦，多次邀请他去港大任教，都为他所坚拒。当时新亚有几位教授去港大兼了课，先生连兼课也不肯，宁可在新亚苦挨，并推荐其他教授去港大中文系，这是先生淡泊名利的又一例。

　　先生离开新亚后，绝大部分的光阴在台北市郊外双溪的素书楼度过，主要的工作仍是从事研究与教学。部分时间前往台北"故宫博物院"做研究工作，一面接受中国文化大学（当时称中国文化学院）董事长张其昀先生的邀请，为文大研究生教授有关中国学术文化的课程逾二十年。直至其昀先生逝世，由其哲嗣张镜湖先生接任后，一九八六年六月九日，先生在素书楼向文大研究生上了最后的一课。如果不是文化大学要建立新的年老教授退休制度，先生仍是会继续教下去的。文化大学那时送了一笔退休金给先生，先生也婉拒了，可见先生的清高。事实上，先生那时已九十有二，实在年老了，应该休息了，但先生那时还著书。虽然先生已经病目不能看书，但著书是由先生口述，由师母胡美琦女士笔录。这种精神实在了不起，年逾九十，还能孜孜不倦地著书讲学，恐怕历史上也不多见的。他一直活到九十六岁，然后与世长辞。他搬离素书楼后，不到两个月时间便离世了。其中一个原因可能是不太适应新的居住环境，因为素书楼的空气特别清新，新住处是石屎森林，空气太闷。我估计，如果先生一直住在素书楼，又在师母的悉心照料下，先生大有可能活至百岁或更长寿。

但不管怎样，九十六岁是了不起的稀有高寿了。先生是很注重养生之道的。他认为一个人要把学问做好，长寿是必备的条件。他早年曾对学生说，从前看钱大昕的年谱，知道他四十多岁体弱，小便失禁，奇怪他怎么能有好学问，后来才知钱大昕中年以后身体转弱为强，活到八十岁左右。近代学者长寿的，像梁漱溟先生，还有冯友兰，都是九十多岁，但似乎比先生小了一二岁。

·做学问严谨　诲人不倦

先生一生著作不息，诲人不倦，是作为一个老师的好榜样。他上课从不迟到早退，也不请假。有一次，他因事要到外地一个月，他的"中国文学史"请一位教授代课，记忆中，我在听十年左右的课中，请假只有这么一次。先生上课时全力以赴，正如唐端正兄所说："先生七十六岁时，讲起课来声调铿锵，顾盼炜然，连眉毛也是挺秀、有光泽的，真使人有精神焕发、元气淋漓之感。"

记得先生有一次上"中国文学史"课时谈起与文字学有关的两个字——"壁"与"钱"。他说有一天晚上睡在床上，一只脚伸出去时，脚趾触及墙壁，他就想到这个"壁"字的"辟"，就有边沿、僻远之意。壁是屋之四边，于是凡有"辟"旁的，如"僻""避""劈"都有此意。他又讲到"钱"字，右边是"戈"旁，便含有"小的、浅的、狭的"的意思，如"栈道"，当然不会是大马路；"盏"是小酒杯；"溅"是小的水点；"笺"是薄的纸张；"贱"是指价值不贵；"钱"是货币中单位细小的，如五角、一元钱币，当然不能与百元千元钞票相比。先生真能从细小事故中彻悟大道理，真是绝顶聪明的学者，使我对大学时没有学过的文字学起了很大的兴趣。后来闻知先生有一本关于文字学的书，对初学极有益，可惜先生说是早年之作，已经遗失。

台北邮政推出的钱穆诞生百年纪念邮票。

先生做学问也好，办学校也好，不主张有门户，有派别，认为汉学宋学，各有优点，不可偏废；他聘请教师，也绝无狭隘的门户观念，只要某人学有专长，虽非自己学生或朋友，也必聘请，此种豁达大度之风，也是足为我们后辈的楷模。趁着先生百岁诞生纪念，写了这篇小文，虽不能形容描述先生于万一，但深信他的爱国精神、学习精神、教诲精神将永存人间。

　　自从一九五三年入读新亚书院后，我每年都会选读一两门钱穆宾四师开的课，直至研究所毕业后，及任职研究所的助理研究员及兼任讲师时期，大约修读了八九门课。钱师讲授中国历史的课程，固不用说；他也兼开有关思想或文学的课程，何佑森兄称他为"一代通儒"，确是实至名归。

　　一九五九年，我在研究所毕业。我任教协同中学两年后，一九六一年，钱师安排我再回新亚研究所担任助理研究员，由钱师指导我研究桐城派古文。同年，我经校内招聘考试录取，担任新亚大专部中文系兼任讲师，直至一九六八年被裁员，同年被裁的还有王兆麟兄及艺术系的吴因明先生。

　　在钱师辞职前的两三年里，我有空亦去旁听钱师讲课。有一门课很特别，那是一九六一年，香港孟氏图书馆邀请钱师去讲"中国历史研究法"，一共八讲，每讲两小时。当时校长室秘书徐福均先生通知我担任记录，他说是钱师授意的。我乐意接受，此后出书，钱师序中提到说："此一讲演集，先由我一学生叶龙君记录讲辞，再由我整理润饰。"现已再版多次。

　　关于我的"中国经济史"笔记，倒真有几件故事可讲。首先，一九五三年秋，听讲一周后，钱师请余英时学长审阅

―――――――――

1. 编者注：本文有删节。

全班的笔记，一共两次。英时学长除了给分，每次还加几句评语，大意是必须多看有关参考书。如此说来，余英时不但是我的学长，他也是我的师长了。他是考插班大三进新亚的，录取前写中英文作文各一篇，由钱师审阅而录取。我进新亚时，英时学长刚进新办的研究所。

钱师请他批阅我们的笔记，等于助教，当然算是老师了。不过只批阅两次，便停止了。可能钱师考虑到，全班修课的有数十位同学，看毕全班同学笔记是煞费功夫的，既然已经了解了一个大概，也就不必继续再查阅了，以免影响余先生的精力和时间。不久，余先生成了被哈佛大学挑选的首位新亚赴美深造的青年学者。

今日余学长的成就与在国际学术界的声誉之隆，大家有目共睹。新亚亦因有了如此出色的校友而值得骄傲，而且他为母校争光不少。我因英时学长的鼓励而更加用心做笔记，在此衷心感谢。

或许有人会问："你在没有录音机的条件下，能把钱先生所讲的全部记录下来吗？"事实上确是如此，当时没有用录音机，却能把钱师所讲全部录下。原因是：首先我是江浙人士，钱师讲的无锡方言，我百分之百能听懂；其次，我念高小与初中时期，家父标荣公严厉督促我勤习毛笔书法，使我今后用钢笔或原子笔写笔记特别快捷。更重要的一点是：钱师讲述时，左手持着卡片，在讲台上缓慢地来回踱着方步，一面慢吞吞一句句吐出来，有时还在黑板上写上书名人名，甚至还从卡片上摘抄一两句，因此，把钱师所讲全部完整地记录下来，对我来说是毫不费力的一回事。

这本"经济史"笔记说来大有用处，大概一九六〇年间，研究所的余秉权学长忽然跑来向我借阅"中国经济史"笔记。

我说："你怎么知道我有这笔记的？"他说是钱师告诉他来向我借阅的。原来他自美国深造回港，香港大学中文系聘请他为讲师，其中要教中国经济史，不知如何是好，以此请教钱师，遂来向我借阅笔记做参考，一年后也就归还了。

不久，一位尚在历史系攻读的某同学亦向我借这本笔记，一年过后尚未归还，经我多次要求，方蒙归还。此校友深造回港后成就不俗，如果那次取不回来，那我以后亦无法整理排日在《信报》刊载。因当时《信报》社长林行止先生知此稿未经发表，便有意在《信报》刊出，并拟题为"国学大师钱穆讲中国经济史"。全文刊毕后，有两大出版社要求出版成书，最后由壹出版刊印，分《中国经济史》上、下册发行，因该社经理周淑屏君当时正在能仁书院文史研究所攻读硕士，由笔者担任指导教授，周君认为出经济史一类的书较受欢迎，况且是史学大师的讲稿。我也欣然同意了，还同时出版了我在《信报》的另一专栏"历代人物经济故事"[1]。能仁书院设有高中部、大专部和哲学及中国文史两研究所，有不少同学想参考的，约莫购用了三四百本。出版后各大书局均有代售。周君在能仁获得台湾"教育部"颁发硕士学位后，便往华中某大学深造博士学位，想早已学成，事业有成了。所幸当时能取回笔记，不然也就出不成《中国经济史》了。

现在谈到"钱师讲学粹语"的起因：先是翻阅钱师讲课笔记，觉得其中有不少语意精要、道人所未道者，觉得其中有些意见都是钱师饱读经典古籍刻苦钻研所得出的结论。尤其当我读钱师讲"中国通史"的笔记时，有一段述及他很想以类似《廿二史札记》那样的体裁，来写《新廿五史札记》，

1.后书只出版《信报》连载之三分之一，约十万字，并非全部。

或《宋史札记》《明史札记》一类的书。因为钱师认为此等工作"于后人极有用"。遂启发了我从钱师多种讲课笔记中来寻索其中精要的语句，待积累多时甚至可以汇集成册。在老师来说，他不愿称"讲学粹语"，只愿称札记，那是钱师的谦虚，但在后辈来讲，尊称粹语也不为过。于是我去函钱师，提出此番意见，钱师同意我先试写三两则，如值得的话则可续写。于是在钱师认可下，自一九六八年中开始，如此两三年间，写了一百多条。如果我当时集中精力用心写，搜索多三几百条应该不难，可是由于我的疏懒，以为来日方长，不妨慢慢拖长来写，不幸钱师自一九七八年以后病目，已不能读写。但老师病目后，每年我趁寒暑假或圣诞假，总有一两次去台北拜访老师。

记得某次我去台北拜访老师时自责疏懒，不然必定可以多写几百条的。钱师却安慰说："那不碍事，你仍可趁闲翻阅笔记本寻索，也不必因我不能修改而停止。做学问是为自己的，且以后你来台时，仍可把这些札记念给我听，到时我可能会给你一些意见。"就这样，在此后的两三年里，每次去台北，我再络续把整理好的稿读给老师听。老师总是说："这些还可以，温故而知新，闲时不妨把看，总是有益的。"其实，老师病目后，仍是口头著述不停，由师母及秘书笔录。我担心老师高龄过于操劳，有碍健康，遂渐渐停了我的读稿，却也成了一百四十多条的讲学粹语续集。

我常阅读钱师的讲学粹语，每次总有启悟得益，让我来写出一些读后的感想吧！

首先，钱师读书，他老人家选定一本后，必从头到尾逐页读完，无一字遗漏。这一点，我们应该学习，持之以恒，这是做学问的基本功夫。初做学问，当先以别人之学问为主，如此始有传统师承。钱师认为如能精读一书，自能启发自己之识见聪明。朱子、王阳明和王心斋诸儒，开始时都是只看《大学》一篇。

钱师认为，作为一个史学家，当能著史、考史及评史。钱师就是这样一位全能史学家，他讲上古史，就从农作物的耕种先后，推断考证年代，做出定论，令人觉得无懈可击。

至于评史，钱师在讲学粹语中提出多位古人的著作，何者为优，何者为劣，所评甚多，此不再赘。

至于著史方面，更是钱师的强项。例如他写《秦汉史》，劝我们与《史记》《汉书》一同比较参看，便知道《秦汉史》是如何写法、如何取材了。

又如钱师的《国史大纲》，起初是仿赵翼《廿二史札记》体例，提出若干大题目，篇幅内容稍加扩大而成。钱师又特别提出，能在写史中包括考史论史，是最上乘的写法。

综上言之，读了钱师讲学粹语，要研究中国历史，是一定可以得心应手的；同样，要做文学哲学方面的学问，何尝不是如此。

钱师还提醒我们，做学问可以有不同门户，亦可以有不同研究领域，但绝不可有门户之见，且文、史、哲各有不同之门路，但仍可互通共济。凡有门户之见，又固执以为互不相通，则成为陋儒小人之见矣。

一个有相当知识水平的青年，如中学生，大学生则更好，便可走上一条自修做学问之路。钱师自述并无师承，而是自修韩愈、欧阳修古文而进入做学问之途。钱师在讲学粹语中教导后辈青年，如欲自修有成，则"初学读古经籍，不如先读姚鼐《古文辞类纂》较易得益"，又如"自进修陈兰甫、章实斋、颜习斋诸儒之书，再循此上溯，始不为娉娉于考据之业者所拘"。钱师主张做学问是义理、考据、辞章三者并重的。

其实，一个人做学问，正如钱师所说，最好是"须寻路脉，有师承"，那做起学问来，比自己去暗中摸索要省时省力多了。钱师有这么多著作摆在我们面前，他就是我们最好的路脉，也就是我们最好的师承。为了贪图方便，我们随手拈出一条讲学粹语来说。钱师说："自归有光而钱牧斋而黄黎洲，文章一脉相传，惜未有人讲及。"这是历代学者所忽略的，如有人循此路线去做深入研究，必定是一篇极佳论文无疑。钱师说："能得古人一语，便可深入研究。"事实是，能得钱师一语，也便可深入研究。钱师的每一句指示，犹如大海航行中的舵手，引导我们做学问的正确路向。此正是钱师经验之谈。

我个人觉得过去六七十年来，在这个苦难频仍的年代里，有幸在香港遇到这样一位了不起的国学大师，可以听他讲学，可以读他著作，也可以向他执经问难。在抗日战争时，他提倡历史救国。他热爱中国历史。他认为中国为世界上历史最完备之国家，中国历史最悠久，自黄帝算起约有四千七百年，即使从夏朝开始，也有约三千八百年。而且详密而无间断，并世当首屈一指。

钱师早在七十多年前就公开指出中国是一个有前途的、爱好和平的伟大民族。他在一九八五年三月，撰写《丙寅新春看时局》一文，刊载于台北《联合月刊》，钱师从中国民族文化前途的大原则、大理想着眼，认为未来两岸必将和平统一，充分表露了他对中华民族的温情与敬意。

宋代朱夫子曾提出《论》《孟》《学》《庸》为国人必读的四书，我认为钱师提出的"新四书"《论》《孟》《庄》《老》更值得提倡。为什么呢？朱子的四书全是儒家的典籍，不免流于偏狭；钱师提出儒道并重，则显得豁达融通。可能有人会问：中国古代的九流十家是否除了儒道以外，其他各家都不值得重视呢？

其实不然，钱师早就说过，其大意是：中国有了儒道两家，其后各家均从中衍生而出，故列举儒道两家已具代表性了。

钱师一生从事教育，著作不辍，教育家沈亦珍[1]老师亦推崇他"是一位自修成名的中国史学家，见解高超，对中国文化有不朽的贡献，在中国文化史上，将永远占有崇高的地位"。

当商务印书馆编辑三月初寄我此稿校对时，我正好在三月十九日拜读《信报》刊出张总先生"毋枉管"专栏《启发下一代自觉精神》一文。其中道："中华民族国家文化潜力之悠久渊深，则远在四五千年以上。'生机之轧塞郁勃，终必有其发皇畅遂之一日。'这是钱穆的预见。远在七十五年前，钱穆留下这句话：'中国所患，不在于变动之不剧，而在于暂安之难获。必使国家有暂安之局，而后社会始可以有更生之变。'……到了二十世纪九十年代，中国卒之等到'安定之三十年'，中华民族的文化潜力自内部而起，此种新生命力的'发舒和成长'乃成今日的局面。中国的下一代要有'自觉的精神'，'渊然而思，憬然而悟，愀然而悲，奋然而起'，民族复兴是必然的。"张总先生以经济学家的眼光，多次在其专栏中提及钱师《国史大纲》所论眼光精准，因此也说明了读钱师书可给我们后辈以启发。

1.沈亦珍：江苏人，美哥伦比亚大学博士，曾任台湾师范大学英文系系主任，来港后任苏浙公学校长，一九六八至六九年间曾任中大新亚书院校长。

台湾中国现代文学研究者秦贤次[1]先生说："钱穆为我国现代史学的巨匠，也是中国传统文化最热心的鼓吹者，他的去世，代表了老一辈正统史学时代的结束，期望史学界后继有人，新的年轻一代的史学家能开创出更为光辉灿烂的局面来。"这番话正合钱师的心意。钱师热切期盼"后人能做一个大学者，能取精用宏，走向做大学问之道"，这一点，钱师在讲学粹语中已经清晰提到了。

　　最后，要衷心感谢已有一百一十五年悠久历史的商务印书馆（香港）有限公司各位同工们，尤其是董事总经理兼总编辑陆国燊博士及助理总编辑毛永波先生，还有责编张宇程先生，如果没有他们的批准、策划和赶工，本书便不会提早在今日与读者诸君见面。在此盼读者不吝批评。

叶龙

于二〇一三年四月五日

定稿于香港

1.秦贤次：台湾知名学者，专长于中国现代文学研究。